あなたを変える
ダウジング

「見えない力」が　限界を打ち破る

堀田医院 院長 内科医師
堀田忠弘

自由国民社

ダウジングで問題解決に必要な情報を得る

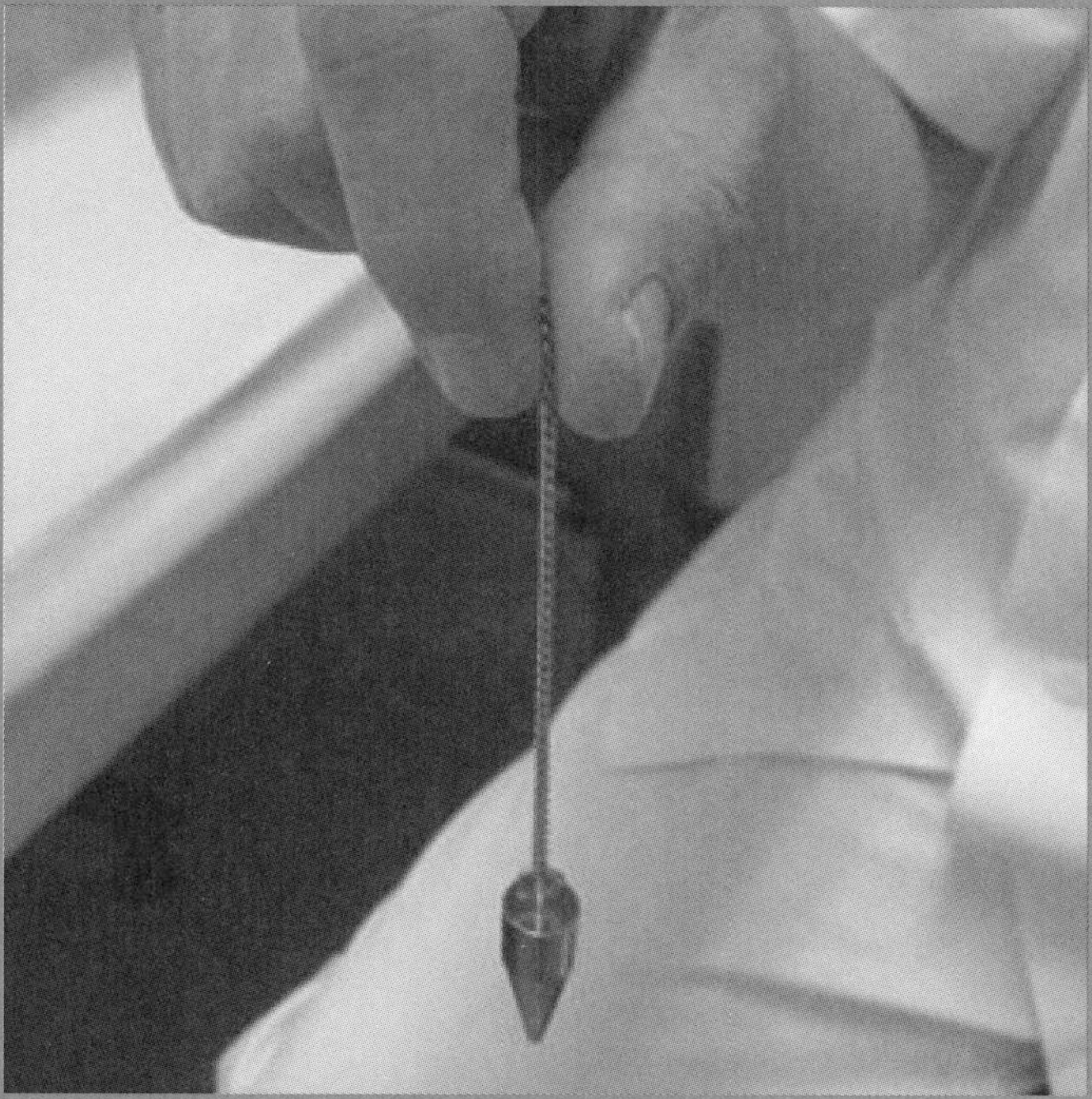

はじめに

今、この本を手にされたあなたのほんとに知りたいこと、
あるいは不安に思っていることは何でしょう？

それが簡単に解決できる方法があるとしたらどうでしょう。
試してみたいと思いませんか。

それは特定の人だけが使える特殊な能力や技術なんかではありません。
あなたが元々もっている能力をほんの少し使うだけです。
簡単に手に入れることができ、自分を守り、
限界を超えて進むことを可能にしてくれます。

それはダウジングという方法で、
古来より人知を超えた情報を得るために使われてきました。
危険と隣り合わせの現代、安全に進むためのナビゲーターとして
大きな力を発揮してくれます。

平均寿命は世界一、100歳以上の人が6万人以上、
数字からは日本人は健康になっているように見えますが、
多くの人は身体のどこかに不調を抱えて病院通いをしています。

ガン、アレルギー、認知症、糖尿病などの病で闘病中の人。
会社や家庭内での人間関係で、精神的に不安定になっている人。
言いたいことを抑えて、自分らしく生きることができないでいる人。
どの道に進んだらいいか、何を頼りに生きていけばいいか迷っている人。
多くの人が、どうすれば現状から抜け出せるか悩んでいます。

出口が見出せなくて困っている人に、
希望の道筋を見出すお手伝いをしてくれるのが、
これからお話しするダウジングです。

私たちは、体だけ、心だけで生きていくことはできません。
体と心を超えたところに魂があり、魂は絶対の存在とつながっています。
絶対の存在は、いろんな名前でよばれています。
神、仏、いのち、真我、大自然、根源、ブラフマン、
空、虚空、サムシンググレート、創造主など。

ダウジングは、絶対の存在から知りたい情報を引き出すことのできる技術です。
ダウジングに慣れるにつれて、自信をもって一歩前に進める喜び、
限界を超え続けられる幸せに満足されるでしょう。

かつてダウジングは、鉱脈や水脈を探すために、
ベトナム戦争後には地中に埋められた地雷を見つけるために、
大きな力を発揮したことが知られています。
油田、温泉を探したり、食品の安全性の確認をしたりすることなどにも使われ、
目に見えないものを見せてくれます。

私にとってダウジングは、日々の診療の中で原因を見つけたり、
的確な治療を選択したりするのに欠かせないものになっています。
ただ、ダウジングによってすべてを決めるのではなく、
経験と知識にダウジングの情報を加味して判断していることは
言うまでもありません。

ガンと認知症は治りにくい病ですが、
人間に備わっている偉大な自然治癒力を最大限に働かせることができれば、
解決の道筋は見えてくると考えています。

本書ではガンと認知症について、魂と食の視点からどうすればいいかも記しました。
ガンと認知症への対策ができれば、
ほとんどの病気に悩まされることはなくなると思います。

人は無限の可能性をもっています。
その可能性を伸ばす方法についても記しました。
私が長年追い求めてきたテーマでもあります。

本書が健康で充実した人生を送りたいと思っている人、
自分の限界を超えたいと思っている人、
家族や知人の病を何とかしたいと思っている人、
治療や癒しに携わっている人に少しでもお役に立てば心から嬉しく思います。

堀田医院　院長・堀田忠弘

目次

第1章　新たな道を拓く

第2章　的確な問いかけがドアを開く

第3章　ダウジングで目の前にいない人のことを知る

第4章　ガンを絶対の存在の視点で考えてみよう

第5章 食品添加物が脳を障害させる

第６章　食事が脳を活性化させる

最終章　可能性を信じ限界を超え続ける

第1章

新たな道を拓く

ダウジングは頼りになる羅針盤

ダウジングは、ペンデュラム（ダウジングに使う振り子）があれば、いつでもどこでも、僅かな時間で必要な情報を手にすることができるもの。

これほど便利で頼りになるものはないと私は思っています。

大海原を船で航海するとき、目的地への確かな方角を示してくれる羅針盤のようなものでしょうか。

車で知らない場所に行くとき、確かな道筋を教えてくれるナビゲーターにも似ています。

ペンデュラムの動きによって判断するのですが、ペンデュラムが勝手に動いてくれるのではありません。

使う人の意識が必要な情報をキャッチして、ペンデュラムに伝え、分かり易い形に動かしているのです。

ペンデュラムが上手く使えるようになるコツは、ちょっとしたことでも気楽に使ってみることです。

例えば、食べる物について安全なものかどうか、出かけるのに車か電車のどちらがいいか、この本は買って読む価値があるか、など。

ダウジングを**上手く活用すると、お金や時間の節約になるだけでなく、大きな喜びを手にする**ことも少なくありません。

その重宝さは計り知れないものがありますから、いつも傍において使ってみることをお勧めします。

まず手始めに身近なものを手ごろな糸や紐に結びつけたもので、やってみてもよいでしょう。

5円玉や50円玉のように、紐に吊るして重心が安定しやすいものを選んでください。振ってみて動きやすい重さであればよく、紐の長さは15センチ程度あればよいでしょう。

身近なものを
ペンデュラム（振り子）にしてはじめよう

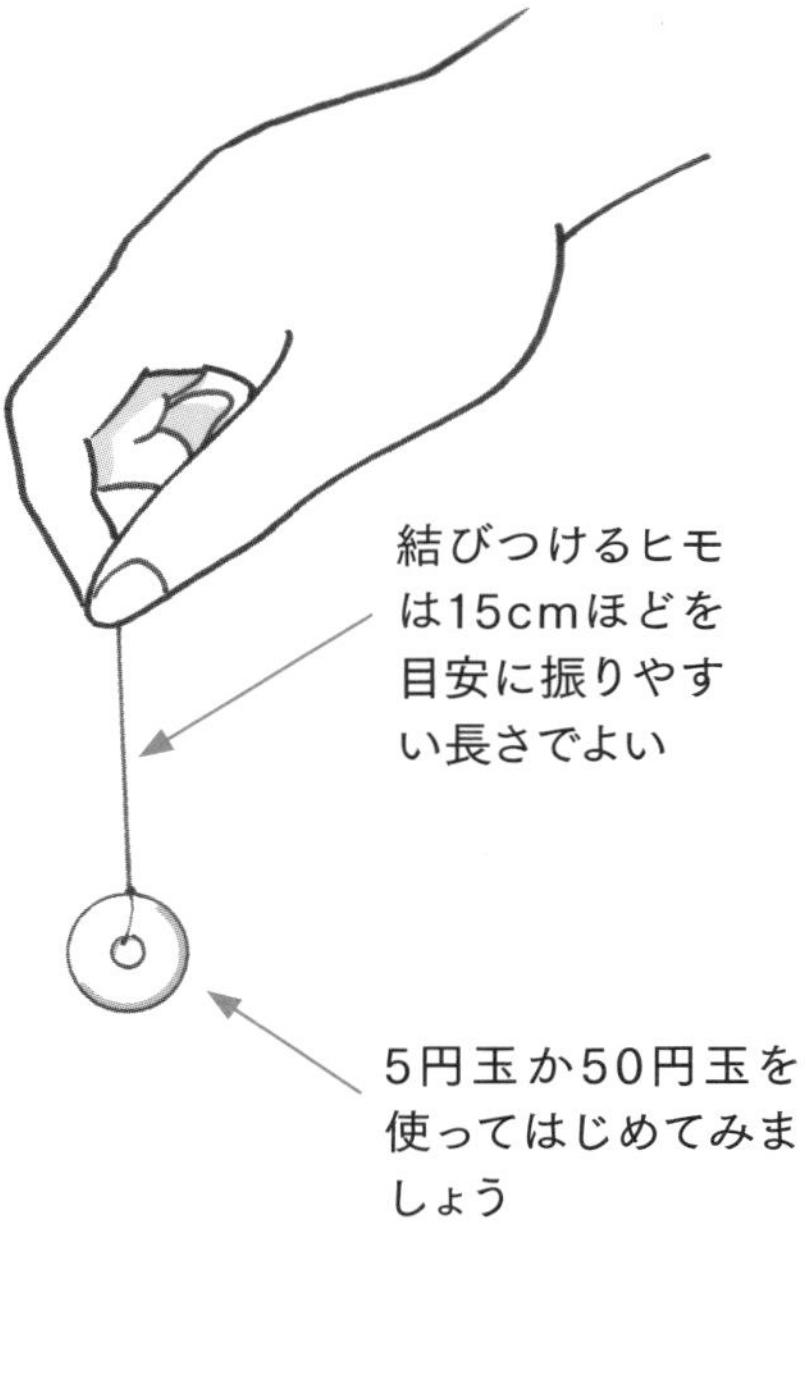
結びつけるヒモ
は15cmほどを
目安に振りやす
い長さでよい
5円玉か50円玉を
使ってはじめてみま
しょう

ダウジングは人生の大海原で方向を示す羅針盤のようなもの

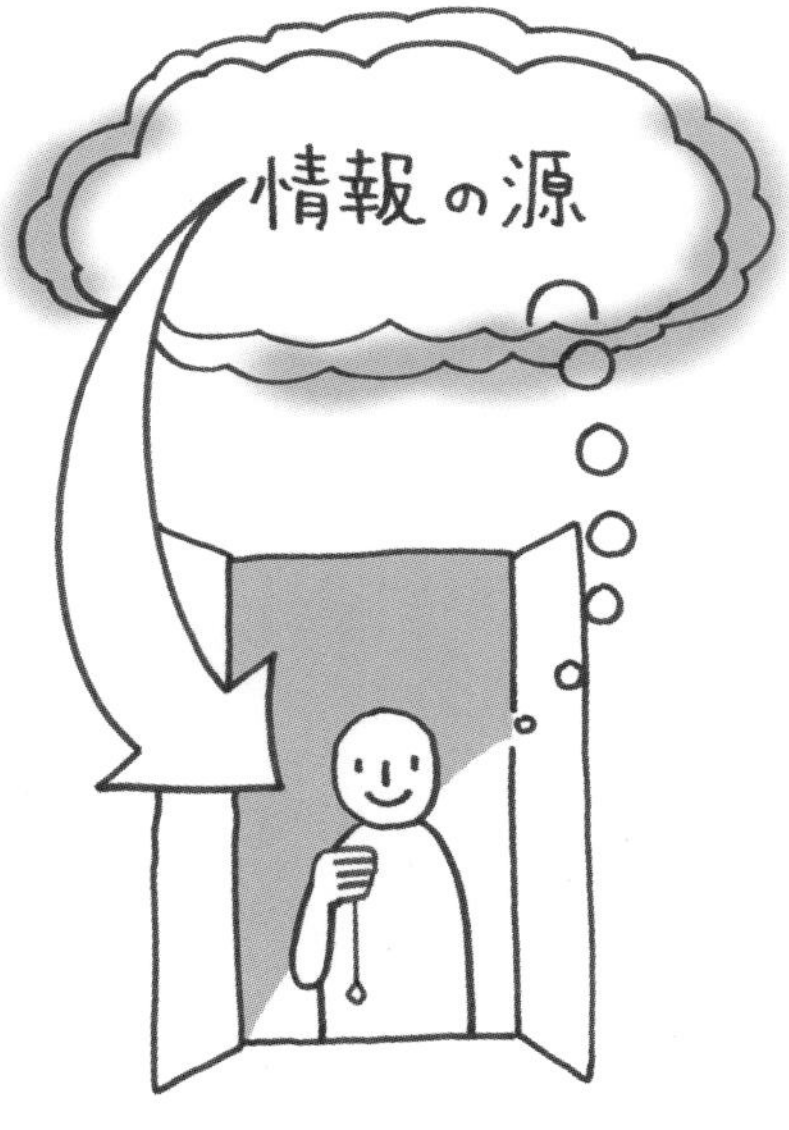

ダウジングのペンデュラムは勝手に動くのではない。行う人の意識が必要な情報をキャッチして、ペンデュラムの動きに反映される

ダウジングの応えはイエスかノーで受け取る

ダウジングを始めるには、比較的静かで邪魔が入りにくい場所と時間を選んで下さい。

手順は次のようにします。

①ペンデュラムを持つ手の肘をテーブルにつけるか、脇に軽く接触させて安定させます。

②ペンデュラムと紐をもつ指までの長さは、ペンデュラムを振ってみて動かしやすい長さで、そこに結び目をつけておくとよいでしょう。

③視線は、ペンデュラムに軽く注ぎます。

④**ダウジングは、行う人の意識にしたがって動くものですから、始める前に設定しておくことが肝心です。**

問いかけに対して、イエスであれば右に回る、または縦に振れる、ノーであれば左に回る、または横に振れる。

自分でやりやすいように決めます。

⑤設定ができたら、心の中で右に回れ、または縦に振れろ、と念じます。

動く気配が感じられないときは動かしたい方向へ少し力を加え、誘導して動きやすいようにするとよいでしょう。

最初のうちは、まったくペンデュラムが動かなかったり、変な軌道を描いたりしますが、続けていると思い通りに動くようになります。

右回りまたは縦の振れが上手くいくようになったら、反対方向にも動くことを確認しましょう。

ダウジングを行うときの
基本姿勢

雑音や干渉が入りにくい場所で行う

持つほうの手は脇を軽く接触
させて安定させる

ダウジングを行うための
意識の設定

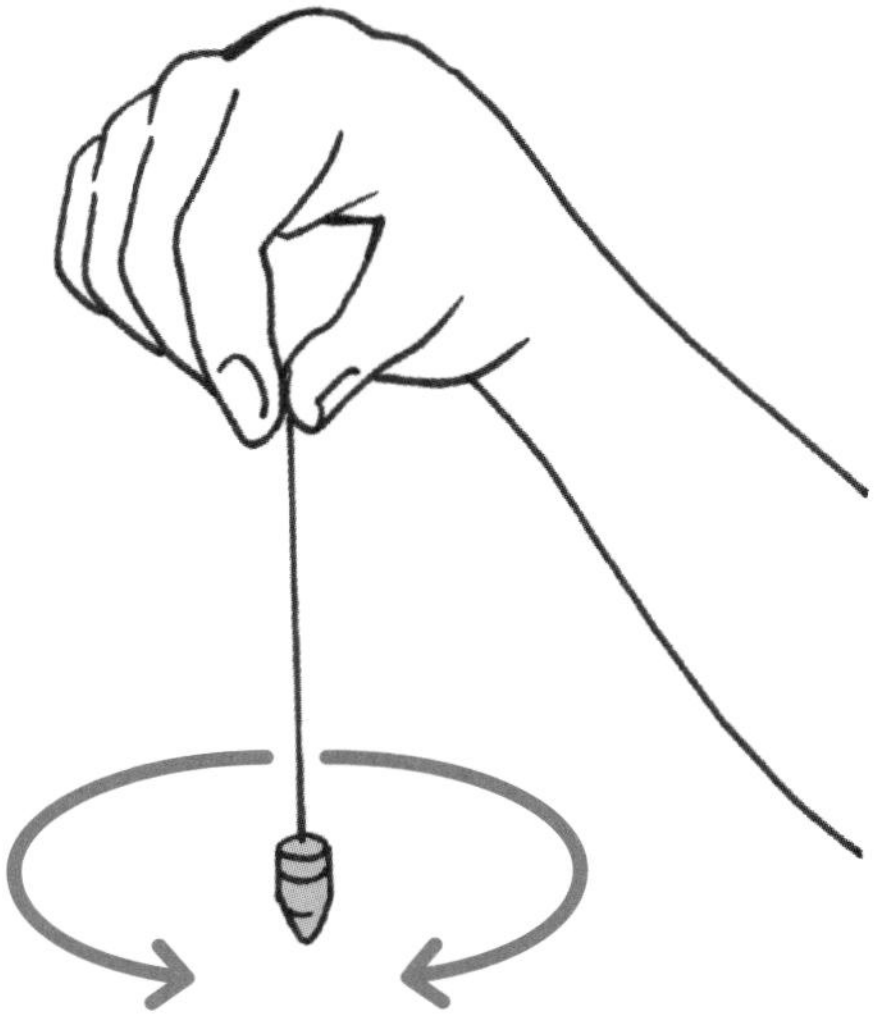

応えがイエスの場合は「右に回る」または「縦に振れる」、
ノーの場合は「左に回る」または「横に振れる」
自分が分かりやすい設定でよい

次に、ペンデュラムの動きを単純明快で分かり易くするために、問いかけをイエスかノーで応えられるものにします。

例えば、「この食べものは、私の健康に役に立つか?」という問いかけであれば、イエスかノーで応えられます。

これに対して、「私の健康によい食べものはなにか?」という問いかけになると、イエスかノーで応えられません。

ダウジングによって得られる応えをイエスかノーかにすると、簡単で間違いが起こりにくく、早く結果を得ることができます。

ペンデュラムの動きは自分の好みでいいのですが、私はイエスであれば縦、ノーでは横に振れるように設定しています。

身体でキャッチしたことをペンデュラムの動きに反映させているので、慣れてくると問いかけてペンデュラムが動き出す前に、どちらに振れるか分かるようになります。

ダウジングを続けていると、直観が冴えてくるからです。

逆にダウジングは直観を磨くよい練習にもなります。

ダウジングの問いかけは
「イエスorノー」の形にする

問いかけの例
○『この食べものは、私の健康に役に立つか？』
×『私の健康によい食べものはなにか？』

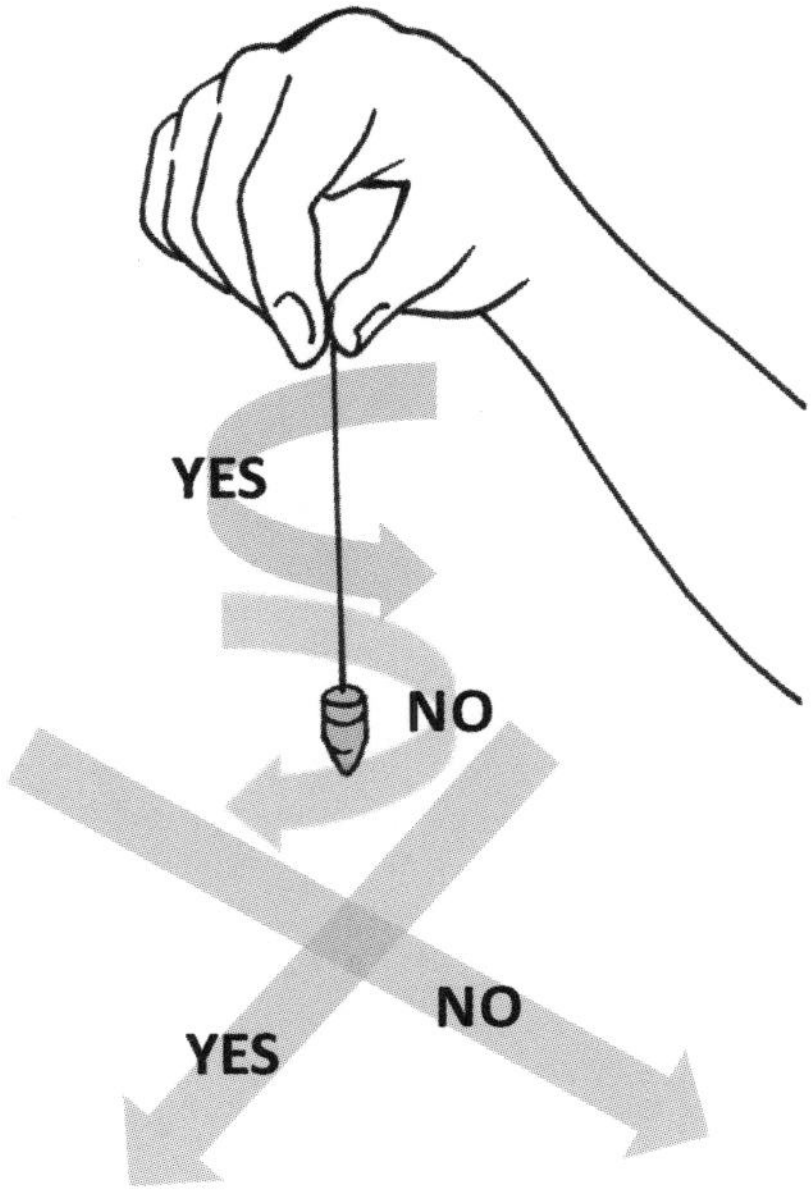

自分に必要なものか否かはっきりさせよう

テレビ、スマホ、新聞、雑誌、書籍などから日々溢れんばかりの情報が入ってきます。その中には役に立つものもあれば、がっかりするものもあり、玉石混合です。健康に自信がなくなると、健康器具やサプリメントに自ずと関心が向きます。新聞の広告欄に魅力的な商品が載っていたり、テレビショッピングで便利なものが紹介されていたりすると、衝動買いをしてしまうこともあるでしょう。

一生懸命貯めたお金です、無駄な買い物はしたくありません。

古いものを捨てたいけど、決断がつかずそのままになっていたり、買おうとする服が自分に合うかどうか迷って時間を無駄にしたりしていませんか。

女性にとって化粧品は必需品です。

でも化粧品が肌荒れやアレルギー、ドライアイの原因になっているとしたら大変です。

化粧品に含まれる化学物質の中には、経皮毒となり、皮膚や内臓に蓄積されて老化を促進させるものがあります。

UVカットのクリーム、ファンデーション、カラーリング、セットに使うスプレー、シャンプー、リンスなどで、皮膚のトラブルやアレルギーをおこすことはよくあります。

ダウジングを活用して自分に必要なもの、不必要なものをはっきりさせましょう。

情報に迷わされなくてすみ、時間をうんと節約できるだけでなく、快適な生活を送ることにつながります。

なかにはこんな疑問をもたれる方もおられるかもしれません。

「ダウジングが間違っていたらどうしよう」

当然の疑問ですね。

ダウジングに100％の応えを期待するのではなく、少しでも高い確率で選ぶことができればそれでいいと気楽に考えましょう。

続けているうちに自分が出した応えに信頼がおけるようになります。

問題解決のカギは原因がわかること

どんなことにも原因があるように、体調が悪いのも一つないしいくつかの要因があってのことです。

西洋医学ではエビデンス（証拠）を見つけることが前提で、エビデンスがないものは対処できないのが原則です。

エビデンスとは、診察や血液検査、器械による画像診断で得られる原因と思われる所見のこと。

実際の医療現場では症状があっても、エビデンスが取れないことが大半ですが、原因は確実に存在しています。

バイ・デジタル・オーリングテストという方法を使ってみると分かりますが、どんな微細な異常も人間の感性を使えば、簡単に捉《つか》まえることができます。

人間の感性は無限に近いほど鋭敏ですが、個人差がありエビデンスをとるためには使えないと、西洋医学的立場に立つ医師は考えています。

実際やってみると、人間の感性を使うことは再現性があり、科学的で有効なものであると実感できるのですが……。

人は極めて個性的な存在ですから、原因も千差万別です。

その人に固有の原因を見つけることができれば、症状は速やかに消えていきます。

例えば、咳が長く続く人がおられるとしましょう。

風邪ウイルスなどの病原体による感染なのか、アレルギーによるものなのか、鑑別する必要があります。

ドイツ振動医学をベースに周波数による共鳴反応をみれば簡単に見分けることができます。

アレルギーであることが分かれば、何がアレルギーの原因なのか見つける必要があります。

そこで、ダウジングの出番です。


アレルギーは体のアレルゲンとなる異物に対する過敏反応です。

体にアレルゲンが入るルートは三つあります。

経口的（食べ物など）、経鼻的（空気中の浮遊物）、経皮的（化粧品など）ルートです。

この中で経鼻的に入るものが原因だと分かると、化学物質を浮遊させている原因を一つ一つチェックしていきます。

アロマオイル、カビ、ダニ、ペットフード、線香、芳香剤、洗浄剤、灯油ファンヒーター、防虫剤、ワックスなど。

ダウジングで特定されたものを除くと、あら不思議。

咳はピタリと止まります。

生活に便利だと思えるもの、健康に役立つと考えられるものはありますが、中には身体に害になるものもあります。


ダウジングで必要ないと反応するものは除きましょう。

未経験の世界へ自信をもって踏み込む

車で知らない土地に行くときにはナビゲーターが頼りになるように、経験のない世界へ踏みだしていくには、確かな方向を示してくれるものがあれば安心して進めます。プロのガイドのように安心させてくれるもの、それはあなたの中にある「絶対の存在」からの情報です。

絶対の存在とはどんな存在なのでしょう。

人は、体・心・魂からなり、魂は絶対の存在と繋がって一つの生命体として機能しています。

絶対の存在について心の内奥でどのようなものであるか、漠然と掴めていても言葉のない領域でもあり、それについて文章化するには限界があります。

しかし、人間とはいかなるものか、どこからきてどこへ行くのか、生老病死、自然治癒力といった問題は、絶対の存在なしには語れません。

私は絶対の存在について次のように記しますが、十分言い切れていないことは承知しています。

「全ての源であり、無限の可能性をもち、全てを活かしめている、愛に満ちた神聖なエネルギー」

絶対の存在が働くと、あらゆることが可能で、瞬時に起きる可能性があり、この力なしには何事も成就しないとも考えられます。

絶対の存在をいかに活用するかが、治療、目的達成の鍵を握っていると言えます。

ダウジングの本質は、絶対の存在と繋がり、必要な情報を引きだすことです。

情報が確かなものかどうかは、繋がりがどれだけ太いか、繋がりを邪魔する先入観があるかないかにかかっています。

繋がりが太くなるにつれて、一見難しそうな問題にぶつかっても小さな糸口を見つけてこじ開けていけば、必ずその先に解決策があると信じられるようになります。
そして未経験の世界へ踏み出す勇気と自信が湧いてきます。

新しい分野の勉強をしたいが費用が高額なのでどうしようか、本に書いてある内容が真実かどうか、高額な器械を買うべきかどうか、手術を勧められているがどうしたらいいか、等々迷うことはよくあります。

どうしたらいいか分からない状況で、決断を下さなければならない時、ダウジングは有力な情報を提供してくれます。

しかしながら**ダウジングの情報を鵜呑みにするのではなく、責任は自分がとる覚悟があるか、確認する**ことも大切です。

「人間＝体・心・魂」は
絶対の存在につながっている

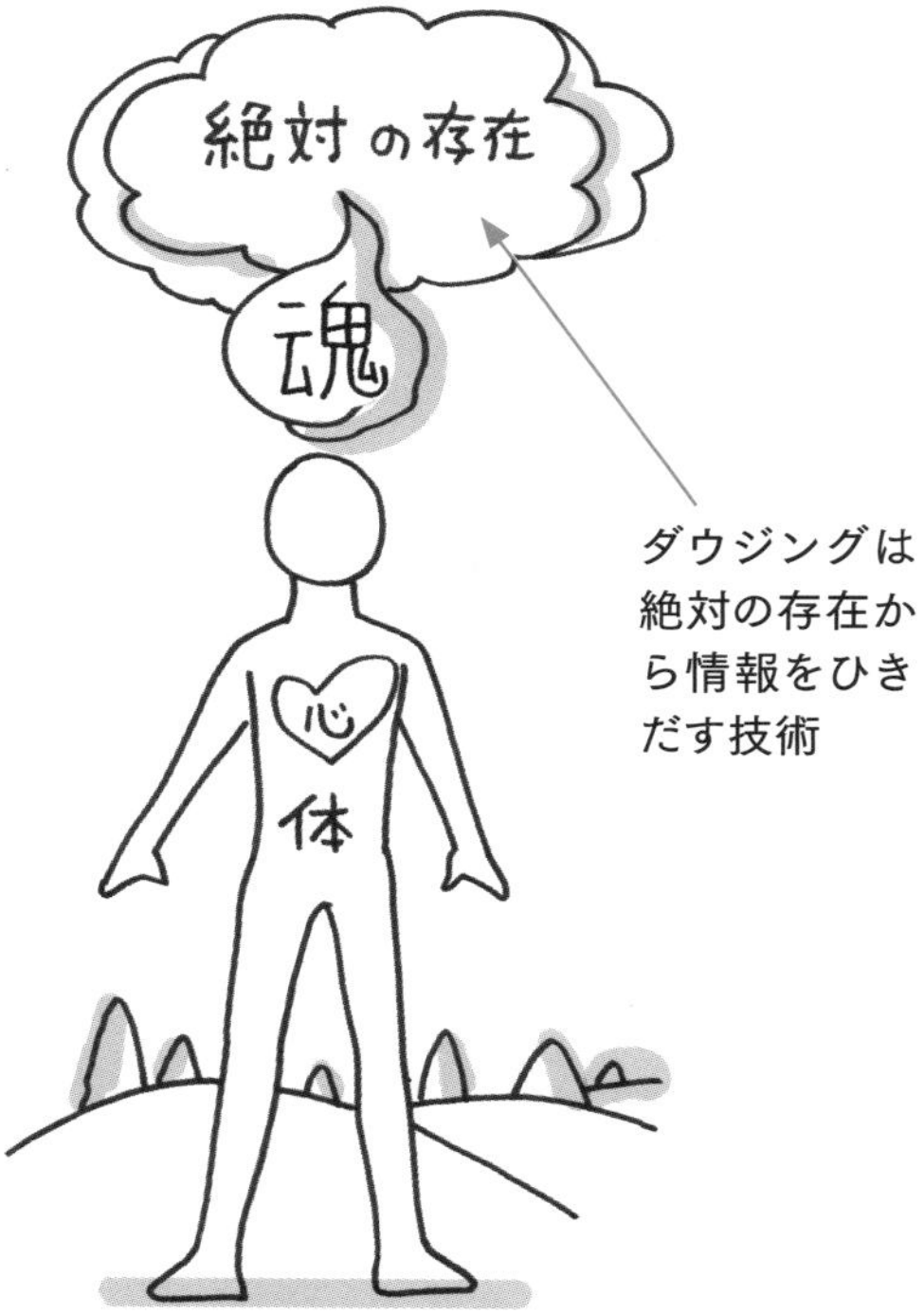
絶対の存在
魂
心
体
ダウジングは
絶対の存在か
ら情報をひき
だす技術

先入観に
影響されないことが大切

先入観にとらわれると、
絶対の存在とのつながりが閉じて
正しい情報が得られない

第2章

的確な
問いかけが
ドアを開く

体は意識されたことに従う

物質の最小単位は素粒子（量子）と呼ばれています。

素粒子は粒子（形）と波（エネルギー）の性質をもち、人に意識されないとどちらの性質になるか分からない、漠然としたものであるようです。

つまり素粒子は、人によって観察されるまでは、姿、形、質量さえも漠然としたものであるということ、物質は人の意識によってはじめて物質として認識されるということです。

体も素粒子でできており、意識の影響を強く受けますから、**意識が介在するダウジングや筋肉反射テストは、きちっと設定しておかないと正確な反応は得られない**ことになります。

私はバイ・デジタル・オーリングテストにキネシオロギーを合体させたＳＭＲテスト（魂・筋応答反射テスト）を開発して、３０万人以上の患者さんに試し、次のような結論を得ています。

①身体（体・心・魂・絶対の存在）は何でも知っている。
②人間の感性を使えば、どんな微細な異常も読み取れる。
③身体は問いかけに的確に応答する。

この内容はダウジングによって的確な応えを得ることができることの説明にもなります。

筋肉反射テストは、異常な部位に触れると筋力が弱くなる、正常な部位では変化しない、という設定が意識の中にあってはじめて設定通りに反応します。

問いかけによる筋力反射テストも同じで、問いかけに対してイエスであれば強くなるように、ノーであれば弱くなるようにと設定しなければ正確に反応しません。

逆に設定すれば逆の反応になります。

体は意識されたように動くので、ダウジングも同じように自分がやりやすいように設定をしてから行う必要があるのです。

先入観というやっかいな障害物

ダウジングによって満足する結果を得たり、患者さんに喜ばれたりすることは日常茶飯事ですが、稀に間違った答えを出してしまってがっかりすることもあります。

それは往々にして自分の思っているようになって欲しい、と焦っている時です。

とくに**自分のことや身内、親しい友人では、願望という先入観が間違った方向に誘導してしまいがち**です。

しかしそのことに気づかず、あたかも答えが真実かのように思い込んでしまいます。

それに推測も間違った応えを出す原因になります。

外見の情報から自分の経験に照らし合わせて推測してしまうと、ダウジングは推測に沿って反応してしまいます。

疲れている時やストレスが溜まっているときにも、正確な応えは出にくくなります。

これまで間違いを何度かして、忸怩《じくじ》たる思いが私の脳裏に刻み込まれています。間違ってしまったという自分への悔しい思いが、より制度の高いダウジングをめざす原動力になっていろいろ工夫してきました。

私たちが普段考え、行動していることの75〜80％は、潜在意識が影響していると言われています。

ダウジングにおいても、潜在意識にある先入観が大きく影響します。

「こうなるはず」といった意識は、先入観として潜在意識に記憶され、間違った方向へ応えを誘導してしまいます。

先入観は非常にやっかいな障害物ですので、そのことを頭に入れダウジングの前に先入観を排除することが不可欠です。

ではこの先入観をどうすれば克服できるのか考えてみましょう。

無心に問いかける

ダウジングの本質は絶対の存在との対話であると先述しました。

先入観の影響をなくするには、先入観を排除しようとせず絶対の存在と繋がることです。

先入観をなくそうと意識すれば、その意識が邪魔になる可能性がでてきます。

潜在意識のレベルを超えて究極に繋がることができれば、先入観の影響を受けずに済みます。

私たちは元々繋がっているのですが、心の部分でブロックがおきています。

心のブロックを外して絶対の存在と繋がるには、無心、委心になることが役に立ちます。

無心は、これまで引きずってきたもの、抱えているもの、こだわり、願望、不安、疑いといった感情を「すべて手放す」ことです。

一つ一つ脱ぎ捨てる、身体を覆っている鎧《よろい》のようなものが砕け散る、さなぎが殻を破って脱皮するイメージ、あるいは自分で効果的と思う方法でいいでしょう。

次に**「思考をとめる」**、と心で話しかけます。

目を開けたまま思考を止めてボーと周囲を見ていると、何秒か無心になれます。

それを繰り返していくと無心の時間が少しずつ長くなっていきます。

最初は思考をとめると意識しても、やがていろんな雑念が浮かんできます。でも気にせず浮かんできたら、元に戻って思考をとめると再び意識します。するとしだいにとまる時間が長くなります。

「委心」は、委ねる心を意味するのですが辞書になく私の造語です。

絶対の存在にすべてを委ねると上手くいくということから作った言葉です。

無心、委心となり、絶対の存在からの愛に満ちた神聖なエネルギーに包まれているとイメージします。

そして**「無心に問いかける」**だけです。

無心・委心になって
心のブロックを外そう

「先入観を排除しよう！」という意識は邪魔になる。
絶対の存在にすべてを委ねてしまおう

あーうんで神聖な身体を再現

無心、委心をダウジングのたびに行うのは大変だ、という声が聞こえそうです。

でも大丈夫！　簡単にできる方法があります。

神聖な光に満ちた身体を記憶させて、簡単に再現できるのです。

それは美しい景色をデジタルカメラで撮っておくと、いつでも再生して見ることができるのと同じこと。

愛に満ちた神聖なエネルギーに包まれた身体を記憶し、「あーうん」と言ったら再現する、と自分に命令するのです。

これで意識による設定ができます。

すると、**あーうん**と言う（無言でもオーケー）ことで、設定にしたがって愛に満ちた神聖なエネルギーに包まれた身体が再現されます。

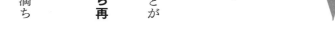

すべてに意識が大きく関わっており、上手く活用すると思い通りのことがおこるのは、人間は意識を操る能力があるということでしょう。

あーうん（阿吽）は、万物の初めと終わりを意味するものとして使われますが、密教では「阿」を万物の根源、「吽」を一切は智徳に帰着するとしています。

あーうんは絶対の存在を意味する言葉でもあるのです。

あーうんと言うことは、絶対の存在への呼びかけでもあり、設定によって神聖な身体になる合図となるのです。

ダウジングの間にいろいろ考えたり、別の事をダウジングしたりするときには、繋がりが切れていることもあり、再び**あーうん**と言ってから始めるとよいでしょう。

あーうんはコンピューターを使う時に必要なパスワードに相当するものですから、自分の好きな言葉なり数字に置き換えても大丈夫です。

シータ波がダウジングを正確にする

絶対の存在と繋がっているときの脳波はシータ波になっていると思います。

逆にダウジングで正しい応えを引きだすには、シータ波になっている必要があります。


脳波には周波数によっていろんな段階があります。

ベータ波（14～28Hz）は、考えたり、話をしたり、働いているときの脳波。

アルファ波（7～14Hz）は、リラックスしている時の脳波で、脳内ホルモンのセロトニン、オキシトシンなどが分泌されて自律神経のバランスがよくなります。

シータ波（4～7Hz）は、深くリラックスしている時の脳波で、絶対の存在と繋がっています。

デルタ波（0・5～4Hz）は、深い睡眠状態や無意識の状態にあるときの脳波です。

ダウジングには脳波がシータ波になっていることが理想ですが、考えたり話しをしたりするとベータ波になり、間違った答えがでることになります。

人と話をしながらダウジングすると、上手くいかないことがあるのは脳波がベータ波に変わっているからです。

携帯でメールしたり話をしたりした後でダウジングするときにも、あ・うんで身体をリセットしてからにしましょう。

シータ波になると直観力が高まります。

直観力は経験や知識を超えて真実を掴《つか》むことのできる力で、人間の最高位にある能力、活用しない手はありません。

紀元前数百～数千年前の縄文時代の人々は、直観力に優れ、大自然の恩恵に畏敬の念を抱きながら平和な暮らしをしていました。

時代とともに争いが起こるようになると、直観力も錆びついてしまいました。

直観力による情報源は絶対の存在であり、ダウジングは絶対の存在との対話であることから、ダウジングをすることは直観力を高めることにもなるのです。

第3章

ダウジングで目の前にいない人のことを知る

なぜ目の前にいなくても分かるのか

アインシュタインが100年前に存在を予言した重力波を初観測したと、米カルフォルニア工科大学などの研究チームが発表しました。

「月面着陸に匹敵する成果」だと、1916年2月11日の新聞記事が伝えています。

重力波とは、物体（重さ）があると時間と空間が歪み、物体が動いたときに歪みが波のように周囲に伝わる現象。

重力波は重力子の集まりで、量子物理学で物質の最小単位とされていた量子より小さい物質が見つかったということです。

ダウジングで量子をさらに細かく分けると、光子、重力子（意識子）、絶対の存在となります。

重力子と意識子は同じものと考えられますので、**意識は絶対の存在以外のすべてに関わっている**ということです。

意識には顕在意識と潜在意識（無意識とも言います）があります。海に浮かんだ氷山のように、水面から突き出している部分が顕在意識、水面下に隠れている部分が潜在意識に例えられます。

二つの意識は繋がっていますが、潜在意識の方が大きく全体の75〜80％を占めています。

顕在意識は、考えたり、判断したり、悩んだりする意識で心の領域にあります。

一方潜在意識は、魂の領域にある個人の経験や記憶などに関係する個人的無意識と、絶対の存在に近い領域にある普遍的無意識があります。

普遍的無意識は人類すべての共通意識とも言えるもので、魂は普遍的無意識と繋がることができます。

個人的無意識は、私たちの普段の行動、思考、意思決定に大きく関与しており、上手く活用すると病を治したり、人生を好転させたりすることもできます。ダウジングに大きく影響する先入観も個人的無意識にあります。

私たちは普遍的無意識を通じてすべての人と繋がっていますので、魂を介して**普遍的無意識にアクセスすれば、遠くの人のことでも知ることができる**のです。

普遍的無意識へは**あ－うん**で神聖な光に満ちた身体を再現すれば、より密接にアクセスすることができます。

普段の生活の中で静かに過ごせる時間を作って、神聖な光に満ちた身体になると、遠くにいる家族のことが直観的に分かると思います。

顕在意識と潜在意識

人間の意識を氷山に例えれば、水面から上が顕在意識、水面下にあるのが潜在意識。人の言動は、顕在意識よりも潜在意識の影響を大きく受ける

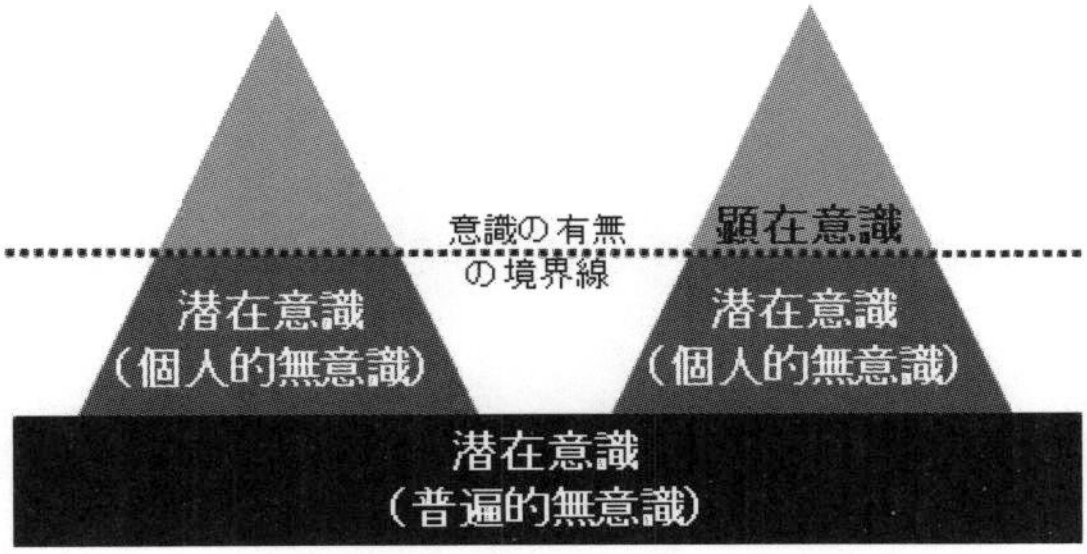

人は目の前にいなくても治せる

宝石を使った遠隔療法を16年前から、量子波による遠隔療法を3年前から行っており、現在340名以上の方が受けておられます。

日本ではあまり知られていませんが、遠隔療法の理論的根拠は量子物理学で説明できますし、効果をたくさんの方で実感しています。

人が目の前にいなくても治せる具体的な方法をお話ししましょう。

宝石光線による遠隔療法

宝石光線遠隔療法は、およそ百年前、インドの高名な医学者・哲学者であるベノイトシュ・バッタチャリア博士（１８８７〜１９６４）が開発したものです。

人の波動はその人の写真、指紋、筆跡、血痕と同じで、宝石のエネルギーを直接本人に照射しても、本人の写真に照射しても同じ効果が得られると考え、宝石光線遠隔療法を開発したのです。

日本における宝石光線遠隔療法は、息子さんのクマール・バッタチャリア博士を招《しょう》聘《へい》し、平成14年10月に京都で第一回日本テレセラピー研究会を開催してスタートしました。

ＬＥＤによる光の照射とアナログ振動によって宝石から放出されたパワーが写真に照射されると、写真の量子に情報の変化がおき、それは直ちに写真本人に伝わり変化が起こります。

量子物理学において、**「ある瞬間に同じ情報をもった量子は、その後離れ離れになっても瞬時にエネルギーを介さずに相関し続ける」**と言われていることが、宝石光線遠隔療法でも確認できるのです。

入院中であっても、足腰が弱って寝たきりあるいは外国にいる人でも写真を通して宝石のパワーを送ることができます。

宝石光線遠隔療法のしくみ

① LEDの光を宝石に照射する

② アナログ振動で宝石を振動させる

③ 各宝石固有のパワーが放出される

④ 写真の量子に情報の変化が起きる

⑤ 量子の情報は直ちに本人の量子に伝わる

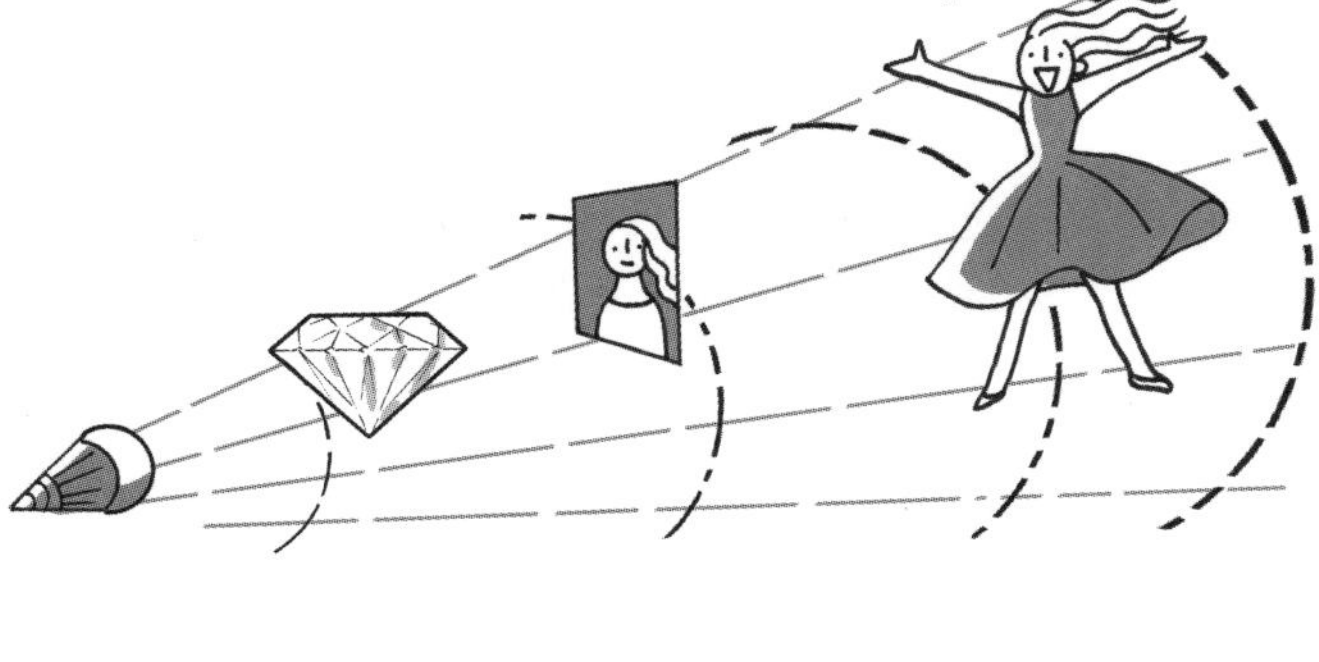

宝石は地球のマグマのエネルギーと宇宙光線が悠久の時を経て結晶化したものです。**宝石光線を長く受けていると、徐々に天地人一体への感覚が目覚め、バランスの取れた身体と優しい笑顔が蘇ってきます。**

人は誰しも目的をもって生まれてきます。

惑星宝石学では、目的を達成するのに効果的な惑星のパワーが最大になる日を選んで生まれてくると言われています。

惑星には9種類あり毎日変わっていきますが、生年月日から自分が選んだ惑星を知ることができます。

選んだ惑星のもつエネルギーから目的を知ることができ、その惑星のエネルギーを代表する宝石は、自分が決めた人生の目的を応援するように働きます。

生年月日のしめす３つの数値と宝石①

■本質数（生涯を通じてのテーマを示す）
　生まれた日にちにより算出する
　一けたの日にちはそのまま、二けたの日にちは各数字を足すが、一けたになるまで足し続ける
　８日生まれ＝「8」　18日生まれ＝1＋8＝「9」
　２8日生まれ＝2＋8＝10＝1＋0＝「1」

■運命数（人生をより豊かにするサブテーマを示す）
　西暦の生年月日により算出する
　生年月日の各数字を、一けたになるまで足し続ける
　１９７2年5月16日生まれ
　1＋9＋7＋2＋5＋1＋6＝31＝3＋1＝「4」

■個性数（自分を活かし、その力を発揮する方向を示す）
　生まれた月日により算出する
　月と日の各数字を、一けたになるまで足し続ける
　1月16日生まれ＝1＋1＋6＝「8」
　9月16日生まれ＝9＋1＋6＝16＝1＋6＝「7」

＊本質数、運命数、個性数および対応した宝石について、くわしくは著者による『医師がすすめるパワーストーン』、『内科医が書いた「パワーストーン」で健康になる本』（共にマキノ出版刊）をお読みください

生年月日のしめす３つの数値と宝石②

	本質数・運命数	個性数
1	ルビー、ガーネット、モルガナイト	ロードクロサイト
2	パール、クンツァイト	スミソナイト
3	イエローサファイア、イエロートパーズ	カーネリアン
4	ヘソナイト、サードオニキス、ペリドット	ターコイズ
5	エメラルド、アベンチュリン、アクアマリン	ラピスラズリ
6	ダイヤモンド、ホワイトトルマリン、ラリマー	ホークスアイ
7	キャッツアイ、タイガーズアイ、フローライト	ロードナイト
8	ブルーサファイア、アイオライト、サンストーン	アンバー
9	赤サンゴ、ラブラドライト	マラカイト

宝石のエネルギーは、魂のみならず心、体にも作用し、身体全体のバランスをゆっくり整えてくれます。

心、体の問題を改善するのにどの宝石が有効かはダウジングで選んでいきます。

自分に合う宝石や石をダウジングで選んで身に着けると、お洒落になるだけでなく、身体が軽くなりオーラが輝きます。

量子波による遠隔療法

物質や生命を細かく分けていくと、分子、原子、電子、中性子、陽子、量子となります。分子が振動するとテラヘルツ波、量子が振動すると量子波がでるようです。分子は量子でできていますから、分子が振動すると自動的にテラヘルツ波と量子波がでることになります。

テラヘルツ波は、10〜1000μの波長と、1兆Hz（10の12乗＝テラ）の周波数をもつ可視光線と電波の中間にある光です。

テラヘルツ量子波は、全ての生命や物質にとって必要不可欠なエネルギーです。ミトコンドリアを活性化させてエネルギー産生を高めたり、テロメア（染色体末端にある細胞分裂に関わるアミノ酸配列）を活性化させ生命力を高めたりする働きがあります。

テラヘルツ量子波は治療器や生活用品、化粧品などいろんな方面で応用されています。

私の医院ではガン治療の原則として、テラヘルツ量子波を直接体に照射する治療に、効果を持続させる目的でテラヘルツ量子波による遠隔療法を併用しています。

テラヘルツ量子波による遠隔療法は、パソコンに内蔵された発振回路からテラヘルツ量子波が液晶部に照射されて、入力された氏名、生年月日、目的にそって働き、遠くにいる人の量子に変化をもたらすものです。

量子は意識の影響を強く受けますから、パソコンから発信されるテラヘルツ量子波が効果的に動くように意識して入力します。

①目的を明確にして入力する。
②目的が達成されることを確信して入力する。
③目的が達成されたと感謝する。

明確に目的を決め、確信し、感謝することで、量子が意識されたことにそって働くと考えられます。

絶対の存在による遠隔治療

物質の最小単位である量子のレベルでは、すべて光と情報のパターンからなっているようです。

光は光子という量子の集まりで、量子は意識に大きく左右されますから、病気という状態を変えるには、意識を使って光子の情報を変えればいいことになります。

光子の情報を変えるには、意識のレベルを光子のレベル以上にしておく必要があります。

波動の法則で優位の波動は、劣位の波動をコントロールするとなっているからです。

意識を光子のレベル以上にするにはどうすればいいのでしょう。

一見難しそうですが、やってみると簡単にできます。

私たちはもともと絶対の存在と一体であるとお話ししました。

ところがそのことを意識することはなく、むしろ分離された存在として感じることが多いのではないでしょうか。

それは心にできたブロックのようなもの、心のブロックを外せば、簡単に光子のレベル以上になれるのです。

あ-うんによって心のブロックが外れ、神聖な光で包まれた身体に早変わりできます。

神聖な光に包まれたら次のようにします。

①目的をはっきりさせます。（○○さんの△△が治る）

②治療しようとする人を光で包みます。

③相手への思いを手放し、目的が達成できたことに感謝します。（○○さんの△△が治りました、ありがとうございました）

ほんとにこれでいいの？という声が聞こえてきそうです。

大切なことは結果がどうであろうと、絶対の存在によって起こる必要のあることは起こるし、起こらないとしたら現時点ではそれがベストなのだと信頼していること。

それはベストな状態しか起こらないと確信していることで、すべて委ねきることなのです。

絶対の存在による遠隔療法は、**愛の心で目標をはっきりさせる、おこる必要のあることはおこると確信する、目標が達成されたことに感謝する**、と上手くいきます。

何とかしようとする意識を外せば外すほどパワフルになります。


気楽に身内の人で練習してみましょう。

子供は意識を制限するような常識がないぶん、絶対の存在からのエネルギーが流れやすく、簡単に大きな変化を起こす可能性をもっています。

大人も常識にとらわれず、何事も可能だと、信じきることができれば奇跡的なことがおきるでしょう。

憑依を量子物理学から考える

ある時から体と心の状態がおかしくなってきた……ある場所に行ったり、ある人と会ったり、人ごみの中にいたりしたとき、急に気分が悪くなったということもよく耳にします。

体調を崩した人に接する機会の多い人たちや先生方は、治療後に自分のエネルギーバランスが崩れていることをよく経験します。

急に体調が悪くなって原因がよくわからない例のなかに、憑依《ひょうい》があります。

憑依は、悪い影響を与えるエネルギー体が人の体に合体することによって、精神的、肉体的に変調をきたす現象です。

憑依については、「○○霊が憑《つ》いている」とか「狐が憑く」というように霊や動物の名前が使われてきました。

憑依は目に見えない領域の現象で一般的には認識できませんが、それをみることのできる人もおられます。

憑依された人の異常なエネルギー状態を、いろんな形としてみることのできる人(霊媒師)によってそれぞれ名称がつけられています。狸、狐、蛇、龍、ヒヒ、妖怪、魔神など。

ところが霊という言葉には何となく怖いイメージがあり、名称も一般受けし難《にく》いものであるために認知されないのが現状です。


憑依によって心身のバランスを崩している人は確かにおられますので、何とかしたいと研究してみると憑依されている人に接する機会が増えてきます。

とくに治療に携わる人にとって憑依は避けて通れない問題でもあります。

対処法を知っておくと、困っている人を前にしり込みしたり、悩んだりすることも少なくなると思います。

正面から向き合い適切に対処するためには、憑依とはいかなるものか、知らなければなりません。

すべての物質や生命は、量子という超微粒子でできており、意識が関わっています。

憑依も意識をベースに理解すると分かり易いと思います。

霊も意識が基になっていますので、意識体という名称に改めました。

憑依をおこす意識体には、大きく分けて２つあります。

一つは目的意識をもった未成仏意識体、もう一つは集合意識体。

未成仏意識体は、何らかの理由で成仏できないでいるか、生きていた社会に未練があって思いを満たすために成仏していない意識体をさします。

一方、**集合意識体は、戦争、病気、不当な扱い、殺人、裏切りなど過去の辛い体験の中で生まれた意識の集合体で魂はありません。**

憑依を起こす意識体で魂があるのが未成仏意識体、ないのが集合意識体、両者には大きな違いがあります。

憑依は誰にでもおこりうる

集合意識体は、いくつかのネガティブな意識が共鳴によって合体し、方向性をもったエネルギー体に成長し、人の言動を狂わせるほどの力を持つにいたったものです。集合意識体による憑依は、人の意識と共鳴し引き込まれ、合体しておこります。原因はあくまで憑依される人の意識にあり、意識が変われば共鳴がなくなり、憑依は消えることになります。

集合意識体には8種類あり、それぞれ主体となる意識があります。頻度の多い順に並べると次のようになります。

①恐怖意識体：怖くて仕方がない
②孤独意識体：一人ぼっちで寂しい

③絶望意識体：希望がない、もうだめだ
④我欲意識体：自分の思い通りにしたい
⑤嫉妬意識体：人が羨ましい
⑥憤怒意識体：怒りが収まらない
⑦怨念意識体：特定の人を深く恨んでいる
⑧自責意識体：自分が悪いからどうしようもない

一つ一つの意識は、大なり小なり誰にでもある一般的なものです。

これは**集合意識体による憑依は、誰にでもおこり得る**ことを示しています。

憑依されているか否かは、ダウジングで確認します。

ダウジングでイエスの反応であれば、未成仏意識体か集合意識体かを区別します。

集合意識体と分かれば、８つの中でどれか一つずつ確認していきます。

集合意識体への対処法は、原因を伝えて気づきを促し、絶対の存在による遠隔療法と同じ要領で治療します。

①絶対の存在と一体になります（無心・委心）。
②絶対の存在から光の柱を降ろし相手の方と一体化します。絶対の存在に集合意識体が消滅するように指令します。
③憑依がなくなりました。ありがとうございました。

未成仏意識体は目的を持っており、目的を達成するために特定の人に憑依してきます。

目的には次のようなものがあります。

成仏させて欲しい、欲望を満足させたい、自分がどれだけ苦しい思いをしたか知らしめたい、世の中のためになることは邪魔したい、多くの人が破滅すればいい、など。

成仏させてほしいと願っている魂は、自分の家系の中で成仏させてくれそうな人、家族、子供に憑依してきます。


ダウジングで確認し成仏を望んでいると分かれば、供養をしてあげるとよいでしょう。

自己満足のために人に迷惑をかけているか、自分の受けた苦しみのうっぷんを晴らすために、他の人を不幸にしようとする未成仏意識体には、自分で対処しようとせず、成仏させることのできる人にお願いするのがいいでしょう。

第4章

ガンを
絶対の存在
の視点で
考えてみよう

免疫の低下でガンになるのではない

国立がん研究センターの予測によると、平成29年度にガンと診断される人は年間101万2000人になるそうです。

今やガンは極めて頻度の高い病気になっており、進行ガンは治りにくく人を苦しめ続けています。

50年以上前には、日本人の死亡原因ワースト10の中に「癌《がん》」という病気はありませんでした。

人はそれぞれ目的をもって生まれ、さまざまな経験をして、再び元のところへ帰りますが、その際にはいい人生だったと満足して旅立ちたいものと、誰しも思っていたはずです。

ところが多くの人が食欲はなくなり、痛みに耐え、点滴を受けながら最後を迎えなければならないのが現実です。

病気があっても苦痛がなく、日常生活が普段通りできて、笑顔で一生を終えることができるはずです。

ガンを患った人の多くが、抗ガン剤による副作用で苦しみ、痩せこけて亡くなるのは、何かが間違っていると考えざるを得ません。

「抗ガン剤をやめて自然治癒力を高めれば、人は簡単に死ぬものではない」と、多くの患者さんから教えられましたので、食事を中心とした自然療法を取り入れてきました。

そして細胞環境デザイン学を提唱されている山田豊文先生から生命科学を学び、ガンに対する視点が確たるものに変わりました。

ガンができる原因を現代医療では次のように説明しています。

「遺伝子の突然変異がいくつかおこり、遺伝情報の複製ミスが重なって、毎日数千個のガン細胞が生まれている。免疫細胞がガン細胞を処理している間はガンが発生しないが、処理できなくなるとガンが発生する」

そして「ガンは、自ら都合のよい状況を作り、免疫細胞の攻撃を逃れ、全身に拡がっていく悪いものだから、手術、抗ガン剤、放射線で取り除くか殲滅《せんめつ》させる必要がある」との考えが主流になっています。

私は、**ガンが免疫系に変化がなくても増殖が早まったり、止まったり、治ったりする**例を何人も経験しています。

免疫以外の因子、食品添加物による活性酸素、ストレス、ウイルス感染、環境因子、カビ毒などが大きく関わっていることをたくさんの患者さんから教えてもらっています。

ガン細胞は意図的に作られる

細胞には敵（非自己）か味方（自己）かを識別する能力が備わっています。免疫と言われるもので、この働きのお陰で体は守られています。

自己を規定する証明書としてＭＨＣ（主要組織適合遺伝子複合体）が細胞の表面にあって、細胞は自己か非自己かを見分けることができます。

異常細胞を排除するパトロール役の免疫細胞の表面には、ＭＨＣの一つであるＰＤ－１が、正常細胞の表面にはＰＤ－Ｌ１があります。

ＰＤ－１とＰＤ－Ｌ１が結合すると、免疫細胞は味方と判断して正常細胞を攻撃することはありません。

正常細胞から変異したガン細胞も味方であるという証明書ＰＤ－Ｌ１をもっていますので、免疫細胞は味方と判断して攻撃しないのです。

複製ミスによってＰＤ－Ｌ１をもっていないガン細胞ができると、免疫細胞によって処理されます。

ガン細胞は、生まれながらにして「私は身内ですよ」という旗印をもっているのです。

ガン細胞が共通してもっている特異な能力を考えると、突然変異や免疫力の低下でできたものではないことが一層納得できます。

①酸素を必要とせず、糖を栄養源にする。
②活性酸素の刺激で増殖する。
③寿命がなく生き続ける。
④炎症によって増殖する。
⑤抗ガン剤に対する耐性を作る。
⑥転移する能力がある。
⑦酸性環境で生きられる。

私たちの生命に直結する最も重要なもの、それは水でも食料でもなく酸素です。

正常な細胞にとっても同じで、酸素を断たれることが最も過酷な状況です。

ガン細胞は、酸素のない状態でも生きるためにたくさんの糖を燃やしてエネルギーに変える機能を備えています。

Glucose Transporter という専用の糖分取り込み口があり、正常細胞の6倍の糖を取り込むことができるのです。

正常の細胞は活性酸素や炎症によって傷つきますが、ガン細胞は逆に増殖していきます。

ガン細胞は、正常な細胞は生きていけない過酷な状況でも、条件が整えば永久に生きることができます。

ガン細胞は最初にできた部位と離れた臓器に転移して生きることができますが、正常の細胞では転移はおこりません。

正常の細胞は抗ガン剤で障害されますが、ガン細胞は耐性を作り、自らを守ります。

このような能力はガンの種類を問わず、すべてのガン細胞に備わっており、意図的に作られたと考えるのが妥当でしょう。

ガン化は過酷な環境で生きるための処置

どのようにして特異な能力をもったガン細胞ができるのか、その背景を考えてみましょう。

ガン細胞になる前の正常細胞は、どのような生命活動を営んでいるのでしょうか。体は蛋白質でできていますから、正常細胞の生命活動の中心は蛋白質を作ること、そして細胞が活動するのに必要なエネルギーを作ることです。

正常の細胞は、栄養素を受けとり、小胞体で蛋白質を、ミトコンドリアでエネルギーを作り、老廃物を排出することで生命活動を営んでいます。

したがって、小胞体及びミトコンドリアの代謝が障害され、蛋白質とエネルギーが作れなくなると、細胞は生きていけなくなります。

私たちの環境は、農薬、各種添加物、遺伝子組み換え食品、放射性物質、大気汚染、電磁波、室内汚染などによって大きく汚染されています。

それにストレス、血流障害、腸内腐敗、動物性蛋白質や糖質の過剰摂取、ミネラル、酵素、ファイトケミカルの不足などが加わると免疫力は低下し、ウイルスその他の感染を起こして細胞は過酷な状況に追い込まれます。

とくに活性酸素による障害が多かったり、血流が悪く感染が起こったりする臓器は危うい状態になります。

危うくなった臓器を守るためには、過酷な環境でも生きられる細胞へ変わる必要に迫られます。

そのための手段がガン化であり、**ガン化は細胞が生き残るためにとられる処置**なのです。

ヒトでは約10万種類の異なる遺伝子があり、分化した細胞では、その内約５千種類（５％）の遺伝子が発現していると言われています。

ガン遺伝子は、未発現の遺伝子の中から必要な能力を発揮させるために、意図的に選ばれて発現していると言えます。

しかし、ガン化によってできたガン細胞が増殖し続けると、生体は危険な状態になります。

そこでガン化する必要のない良好な細胞環境に改善されれば、元の細胞に戻るようにも遺伝子が発現していると推測されます。

ガン化の指令はどこからくるか

過酷な環境でも生きられる細胞へ変わる手段としてガン化するとの考えは、エピジェネティクスにも通じます。

「エピ」は「越える」という意味で、エピジェネティクスは「遺伝子を越えて支配するもの」を研究する学問です。

遺伝子が生体をコントロールしていると考えるのがジェネティクス、一方エピジェネティクスは環境が遺伝子を支配し、細胞の生死を左右するという考え方です。

遺伝子の基本的設計図はそのままで、外部環境によって遺伝子のスイッチがオンになったりオフになったりするという理論です。

生体は遺伝子に支配されているのではなく、細胞を取り巻く物質的、エネルギー的環境によって決まるというわけです。

それでは外部環境が変われば、細胞自体の変化によって遺伝子がスイッチオンになるのでしょうか。

そうではないと思います。


過酷な環境で細胞が生きるために、必要な遺伝子のスイッチをオンにする指令はどこからくるのでしょう。

人は、体・心・魂・絶対の存在からなり、一つの生命体として機能しています。

細胞の集まりである体に指示を与えているのは心であり、心を監督しているのは魂です。

魂は無限の可能性をもった絶対の存在と繋がっていることを考えると、95％近く眠ったままの遺伝子を発現させて、ガン化させるのは簡単なことだと考えられます。

ガン化を指揮しているのは、「魂に属する生体を管理している意識」ではないかと推測されます。


現代医療ではガンは、自ら都合のよい状況を作り、免疫細胞の攻撃を逃れ、全身に拡がっていく敵だとされています。

しかし、絶対の存在の視点で考えてみると、体のある臓器が瀕死の状態に陥っているとき、生体を管理する意識からの要請に応じて必要なエネルギーを供給し、目的が達成されるように応援するはずです。

そうするとガンは生体を守るために意図的に作り出されたもので、決して悪いものではないという真反対の考えが生まれます。

ガンは敵ではなく、生体を守るためにできたものなのです。

この視点を元に細胞環境を整え、自然治癒力が最大限に発揮されるようにすると、多くの患者さんは苦痛なく日常生活を送ることができ、徐々にガンが退縮していきます。

自然治癒力を妨げる原因

では自然治癒力とは何でしょう。

「自然治癒力とは、絶対の存在から注がれるエネルギーで、体・心・魂を根源から生かしめているもの」です。

全身の細胞一つ一つに神経、脈管、経絡を介して届き、生命活動を支え、心と魂が健全に働く基になっています。

病は、自然治癒力の低下した状態であるとも言えます。

自然治癒力を低下させるのは、肉体的なものと精神的なものがあります。

自然治癒力は
絶対の存在から流れるエネルギー

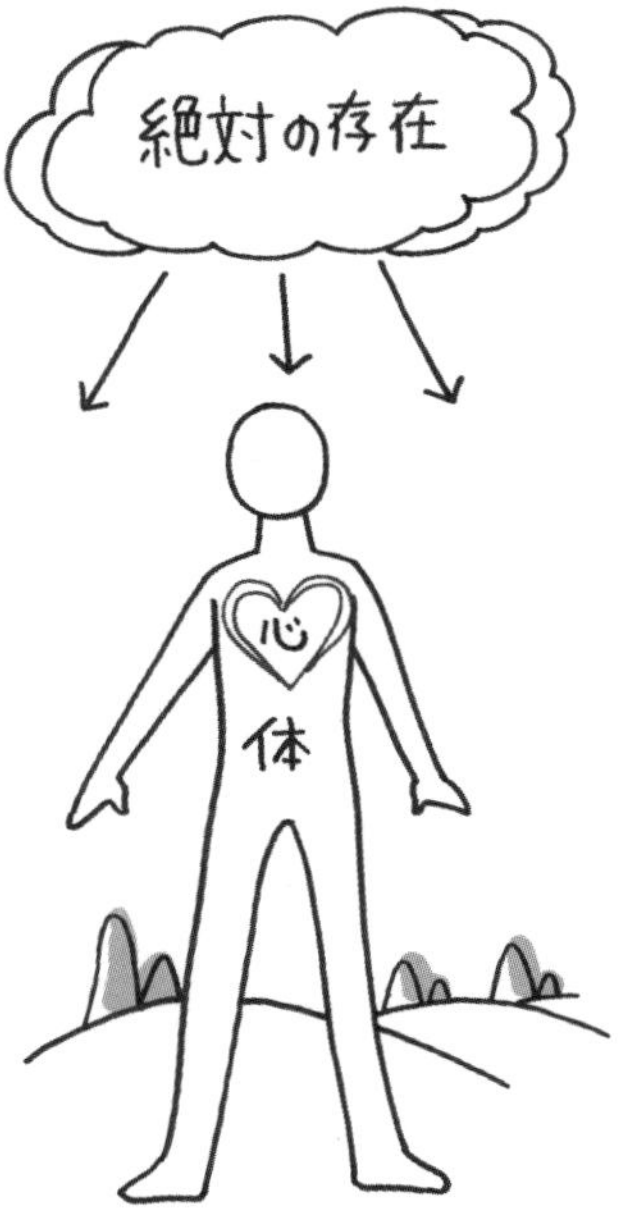

自然治癒力は、人間の体・心・魂を健全に働かせる根源的エネルギー。自然治癒力なしに人は、生命を維持することはできない

肉体的原因には、

①農薬、食品添加物、遺伝子組み換え食材、カビ毒、放射性物質

②感染（ウイルス、カビ、細菌、寄生虫）

③腸管内・口腔内細菌叢の乱れ

④栄養素の過不足（動物性蛋白質・糖質の過剰摂取、ミネラル・酵素・ファイトケミカルの不足）

⑤血流障害（筋肉の硬縮、骨格の歪み）

などがあります。

農薬や食品添加物は、活性酸素を発生させてガン細胞を増殖させます。間食はとくに要注意で、少しだけなら大丈夫と続けていると、添加物による活性酸素によってガンが大きくなり後悔することになります。

カビにはいろんな種類がありますが、その中でもカンジダアルビカンスとアスペルギルスは、ガンの発生、増殖、転移の大きな原因になりますので油断大敵です。

風呂場、台所、寝室、洗面所などにはよく繁殖します。カビを吸引すると、呼吸器系の粘膜から吸収されてガン細胞を刺激します。

カビを吸い込むだけでなく、台所の換気扇近くにカビが発生すると、調味料にカビが繁殖して食事と共に腸内に入ることもあります。腸内細菌叢が悪玉菌優位になって免疫力が低下し、腸粘膜からカビ毒が吸収されて、同じようにガンは増殖します。

カビは気がつかないまま体内に入りますので、検査でガンが大きくなっていたり、転移していることが分かったりすることが多く、ガン治療の大きな盲点になっています。カビの発生を防ぐために、定期的に掃除することを心がけましょう。

ナッツ類、ドライフルーツは、殺虫剤やカビ毒を含んでいることがあり要注意です。感染は活性酸素発生の原因になり、寄生虫やウイルスは細胞を傷害させますので、生の魚介類、乳製品、生卵は免疫力の低下した人は控えるのが賢明です。

腸管内と口腔内の環境が良い状態であることは、感染の予防、有害物の排除、自律神経の安定などの観点でとても重要です。

食後のブラッシングはできるだけ丁寧にしましょう。

また、動物性蛋白質の肉は、次の理由で控えた方がよいでしょう。

①飽和脂肪酸を多く含むために蛋白質をアミノ酸に変える代謝に負担をかける。
②腸内細菌叢を悪玉化させやすい。
③インスリン成長因子（ＩＧＦ－１）を多く含み、ガン細胞の分裂を促進させる。
④蛋白質や脂肪に含まれる化学物質が活性酸素を発生させる。

もし食べるのであれば、牛肉、豚肉、鶏肉は、良質のものを少量にするのがよいでしょう。

ガン細胞は糖を栄養源としますので、糖質（精製された砂糖・米・小麦）は控えるようにします。

食品添加物の排泄にミネラルが消費され、食材の劣化に伴って摂取できるミネラルが不足していますので、多くの方はミネラル不足に陥っています。

マグネシウム、カルシウム、亜鉛など重要なミネラルが不足すると生命活動の低下を招きます。

ガンの増殖を促す原因をなくすると同時に、**細胞の代謝、免疫力、抗酸化力、解毒力を高めるために不足しがちな酵素、ファイトケミカルを補う**ことも大切です。

正常細胞の機能を高める

私たちの健康を維持するために必要な栄養素には、主要栄養素（脂肪、炭水化物、蛋白質、水）と、微量栄養素（ミネラル、ビタミン、酵素、食物繊維、ファイトケミカル）があります。

酵素は2万種類以上あり、一生作られる量も一日に作られる量もほぼ一定ですが、年齢とともに酵素の力は弱くなります。

酵素には他の物質による生化学反応を促進する働き（代謝と消化）と、蛋白質と結合して酸化を抑える働きがあり、48～60℃の加熱で失活します。

酵素は生命活動を支える重要なものであり、不足しないように安全な生野菜でしっかり補う必要があります。

ファイトケミカルは、植物や果物に含まれる化学物質で、色・香り・苦み・辛み・渋みなどの成分の一つ。

約１５００種類ものファイトケミカルが発見されているようです。

微量栄養素のなかでもファイトケミカルについては、あまり知られていないのではないでしょうか。

ファイトケミカルのほとんど含まれていない、加工食品や加熱調理することの多い食生活では不足しがちです。

ファイトケミカルには次のような働きがあります。

①活性酸素の発生を抑えて酸化を防ぐ。

②解毒を促進する。
③DNAの修復機能を促す。
④免疫細胞の力を強化する。
⑤発ガン物質を無害化する。

このように**ファイトケミカルには、健康を回復させ維持するのに重要な働きがあり、ガン治療に対しても不可欠なものである**ことが分かります。

ファイトケミカルは、アブラナ科の野菜を中心に色の濃い植物に多く含まれています。酵素と同じように熱で破壊されるものもありますが、影響を受けない野菜もあります。

生野菜4に対して、温野菜6を大体の目安にするとよいでしょう。

ただ一般に売られている野菜には農薬とともに、寄生虫などの病原体も含まれていますので要注意です。

農薬と病原体を除くには、葉物の野菜であれば水2リットルに対して、純米酢大匙

４杯を入れ20分浸けます。

根菜類は昆布と共に５分間ボイルするとよいでしょう。

こうして安全になった野菜をたっぷり摂ることが、正常細胞を元気にし、治癒を促進させることになります。

食事はガンだけでなくすべての病気を治癒に導く大元です。**体に良いものを摂り続けることが、長く健康を維持するカギ**となります。

自然農法で作られた野菜には、体を元気にしたり、病気を治したりする栄養素がいっぱい詰まっています。

他の食材と同じように野菜選びにも慎重になりましょう。

血流障害は有害物の蓄積、感染の温床になるだけでなく、ガン細胞が元の細胞に戻る際の障害になりますので、原因をみつけて改善します。

ガン細胞を受け入れ愛する

一方、精神的要因には、

①ストレス。
②自分が受け入れられない。
③ガンへの恐れ。

などがあります。

ストレスの主な原因は、仕事、対人関係、家族などでしょう。
ストレスを克服する方法はいろいろありますが、一つの方法をご紹介しましょう。
生きている限り、いつか必ず人生最後の日がくることは承知していても、多くの人は先のことだと暢気《のんき》に構えて気にしていません。

ところがテレビ、新聞などの報道でわかるように、日本列島のなかで地震が起こらない所は何処にもありません。

いつ何時《なんどき》あなたの近くで地震が起こっても不思議はないのです。


ある日、目が覚めてみるとそこは天国だった。

天国の門番に尋問されます。

「悔いのない人生であったか？」

「ハイ！」と答えられるでしょうか。

なかなかできませんが、ハイ！と即答できるように心がけていくと、ストレスをうんと軽減できると思います。

それには**「明日、天国で目が覚めても構わない」と、覚悟を決めて過ごしてみる**のです。

するとストレスと感じていたことがどうでもよくなります。

毎日を真剣に大切に生きていこう、という心構えができていきます。

欠点が気になって自分を愛せない、という人はたくさんおられます。

自分を愛せないということ、それは心と魂の間でブロックとなり、自然治癒力が低下する大きな原因となります。

両手を合わせて、**「私の全てを受け入れ、心から愛しています」**と唱えてみましょう。

たちどころに絶対の存在と一体になれます。

絶対の存在への扉《とびら》は、「すべてを受け入れる、愛する」、という言葉に共鳴して開くようです。

病院でガンと診断されると、ステージ（ガンの進行程度の指標）、予後（今後の見通し）、手術、抗ガン剤、放射線など落ち込む話しが多く、先々のことが不安になります。

それが心に残って、ガンであることを恐れるようにもなります。

それを払拭するために、ガンは過酷な環境を生きるために、自分が正常の細胞をガン化させたもので、恐れるものではなく味方であることを、丁寧に説明し納得していただきます。

そしてガンは感謝すべきものであることも伝えます。

両手を合わせ**「私はガン細胞を受け入れ、愛しています」**と唱えます。

自分を受け入れ、ガン細胞を受け入れることで、恐れの心が一掃され、自然治癒力が隅々にまで流れるようになります。

第5章

食品添加物が脳を障害させる

老化によるもの忘れと認知症は違う

寿命まで誰にも迷惑をかけずに元気で過ごしたい。

できれば住み慣れた家で人生を全うしたいと、誰もが望んでおられることでしょう。

しかし、多くの人が病院や介護施設で最後を迎えるのが現実です。

人生最後の日まで自分のことができて、精神的にも充実しているためには、体が思うように動くだけでなく、自分で考え、判断できてコミュニケーションに支障のないことが不可欠です。

年齢とともに起こりやすい病気として、ガン以外にもう一つよく知っておかなければならない病気があります。

それは認知症です。

認知症は、**脳の神経細胞が異常な蛋白質や活性酸素、血流低下によって障害され消**

失して、記憶、見当識（場所、日時などを認識する力）、判断などが衰える病気です。

自分自身が辛いだけでなく、家族に大きな負担がかかります。

認知症にも各個人ではっきりした原因があり、原因を改善することが治療効果を高めることは言うまでもありません。

どこまで原因をはっきりさせられるか、ここでもダウジングが大きな力を発揮してくれます。

異常蛋白質には、アミロイドβ、リン酸化タウ、αシヌクレイン、TDP－43、FUSなどがあり、種類と蓄積する脳の場所によって違った病名がつけられています。

ただし、年齢を重ねると増えてくる老化現象によるもの忘れと、認知症によるもの忘れとは違いますので区別しておきましょう。

認知症は体験の全てを忘れてしまい、忘れたことへの自覚がないのに対して、**老化によるもの忘れは、体験の一部を忘れるが忘れたことを自覚している**、という特徴があります。

認知症には主なものとして4種類あり、それぞれ原因と症状に特徴がありますが合併していることもあります。

◆**アルツハイマー型認知症**

アミロイドβとリン酸化タウという異常蛋白質が大脳皮質に蓄積されて、神経細胞を萎縮させることが原因になっています。

もの忘れが増え、時間、場所、人が分からなくなり、コミュニケーションが難しくなります。

そして、しだいに引きこもり、家族が分からなくなっていきます。

アミロイドβは、血液中に増え過ぎたブドウ糖が蛋白質と結びついて終末糖化産物（AGE）ができる過程で、添加物として含まれる数種類の化学物質が反応してできるようです。

もう一つのリン酸化タウは、リノール酸、除草剤、食品添加物の酸化防止剤、膨張剤などが相互反応してできるようです。

いずれも食品に含まれる添加物が主な原因です。

◆脳血管性認知症

脳の血流障害によってコミュニケーションが難しくなったり、手足の動きが鈍くなったりするなどの症状がおきます。

血流障害の部位によって違った症状がでますが、**突然起こる**のが特徴です。

脳の血流障害は、ストレス、食べ過ぎ（間食など）、有害物の蓄積、ミネラルの不足、オメガ3（αリノレン酸）の不足などが重なっておこります。

甘いものは習慣性がつきやすく、ちょっとだけと思ってもつい食べ過ぎになり、脳の血流を低下させますから気をつけましょう。

◆レビー小体型認知症

レビー小体が脳幹と大脳皮質を障害することが原因とされています。

レビー小体は、α－シヌクレインを主成分とする特殊な蛋白質で、ある種の抗精神薬や遺伝子組み換え食材に含まれる化学物質、食品添加物が化学変化をおこし、蛋白質を変性させてできるようです。

見えないものが見えたり、すでに亡くなっている人がいると言ったりする幻視が起

こるのが特徴です。

他人から見れば非現実的で、あり得ないようなものが見えると言うのですが、本人にとってはリアルで現実的なものとして見えているのです。

幻視は、大脳皮質の後頭部にある視覚に関する領域が障害されると起こると考えられます。

注意力や意識がはっきりしている時と、はっきりしていない時の差が日によって激しくでることも特徴の一つです。

パーキンソン病のような症状が現れることもあります。

体の震え、動作が遅くなったり止まったり、筋肉のこわばり、体のバランスが取りにくくなるなどです。

人類の歴史の中で経験したことがない人工的な化学物質が食べ物や薬として体に入ると、時として予想もつかないことが起きるということです。

◆前頭側頭型認知症（ピック病）

若年性認知症のひとつで、**他者の気持ちを思いやることができない、善悪の判断が**

困難、理解不能な行動をとるなど人格の変化がおこるのが特徴です。

他の人からどう思われるかなどを全く気にしなくなり、本能の赴くまま行動するので、悪気なく万引きなどを行い、周囲とトラブルを起こすこともあります。

ＴＤＰ－43、リン酸化タウ、ＦＵＳなどの異常蛋白質によって、前頭葉（意思・思考・創造）、側頭葉（聴覚・言語・記憶）が障害されることが原因です。

ＴＤＰ－43、ＦＵＳは、保存食・間食等に含まれるいくつかの食品添加物が化学反応をおこし、蛋白質を変性させてできたものと推測されます。

リン酸化タウの原因は、アルツハイマー型認知症で記したとおりです。

認知症は、いくつかの異常蛋白質によって脳神経細胞が障害されることが主な原因と考えられますが、ベースに共通する要因があります。

①間食が増えて血糖値の上昇と添加物の蓄積がおこり、脳の血流が低下している。

②人や家族との会話、コミュニケーションが減って、脳を使うことが少ない。

③自然に触れることが減り、朝日、四季の変化、川や海の音、小鳥の囀《さえず》りなどに

よる五感への刺激が少ない。

④ 運動と咀嚼が不足している。

これらが重なって脳の神経細胞が委縮していることです。

趣味を続けていた人が、続けることができなくなると、急速に脳の働きが鈍っていきます。

認知症の種類に違いはあっても、原因として最も重要なポイントは、食品添加物と遺伝子組み換え食材です。

食べものに気をつけ、脳に溜まった有害物、異常蛋白質を解毒し、眠っている脳神経を活性化させれば、認知症を予防し進行を食い止めることは可能です。

薬も脳の障害物になる

食品などに含まれる化学物質が神経細胞を障害させるのであれば、化学物質という点では薬も同様に考えなければなりません。

薬には副作用や相互作用がありますから、薬の種類が多くなればなるほど副作用が増え、相互作用を起こす確率も高くなるだろうことは頷けます。

何種類かの薬によって体に良くない反応が起きることを、ポリファーマシー、ポリは「多くの」、ファーマシーは「薬」という意味で、多薬剤処方と呼ばれています。

ポリファーマシーにはふらつき、転倒、認知機能の低下などがありますが、特に高齢者はおこり易いので気をつけねばなりません。

ポリファーマシーによって認知機能を低下させないためにも、薬は最小限度にとどめる必要があります。

身体は刻々と変化しますので、必要であった薬も不要になることはよくあります。飲んでいる薬は定期的にチェックしましょう。

薬の適否、効果的な量、相互反応の有無を判定することはとても重要なことです。副作用なく最大の効果を上げるために必須なことで、オーリングテストなど筋肉反射を活用すれば簡単にできます。

薬や食品が身体に合っているかどうか、見分ける能力は誰にでも備わっているものです。

ダウジングもそうであるように遊び感覚で始めてみると、簡単にできることに驚かれるでしょう。

薬ではないので大丈夫とサプリメントを何種類も飲んでいる方もおられます。良いものだと信じていた**サプリメントに有害な物質が含まれており、体調不良の原因になる**ことも少なくありません。

遺伝子組み換え食材にはみんなでノー

この数年、これまでと違った症状を訴える人が多くなって、何故だろうと不思議に思っていました。

その症状とは、全身に拡がる発疹と痒み、頑張る気力が湧いてこない、寝てもすっきりしない、後頭部が締めつけられる、いろんな関節が痛くなる、よく下痢する、蕁麻疹がよくでるようになった、目が網を張ったようにモヤモヤする、イライラする、甲状腺の機能が低下した、耳が詰まる、考えがまとまらない、味覚が分からない、頭の中に空洞がある感じ、頻脈、車酔いの気分、不正出血などさまざまです。

ダウジングで調べてみると、共通していたのは小麦製品で、遺伝子組み換え小麦が含まれていたことでした。

遺伝子組み換え小麦は、人間の細胞には単なる異物ではなくとんでもなく有害なもので、アレルギー反応だけでなくさまざまな不調を起こします。

遺伝子組み換え小麦の含まれた小麦製品（パン、麺類、揚げ物……）を頻回に食べていると、胃、膵臓、空腸に異常がおきて慢性空腸炎症症候群となり、消化不良やアレルギー反応がいつまでも続くことになります。


食品添加物、農薬、鎮痛消炎剤、ストレスなどが重なると消化管の粘膜は傷ついています。

そこに遺伝子組み換え食材の小麦が加わると、胃、膵臓、空腸の粘膜が破壊され、慢性空腸炎症症候群になるのではないかと考えています。

消化管だけでなく、**血脳関門（脳を異物から守る組織）が障害される**こともあり、有害物や病原体が脳内に流れ込むことになります。


遺伝子組み換え食材には、小麦以外に大豆、ジャガイモ、トウモロコシ、コメなどがあります。

食品の原材料名に遺伝子組換え食材の名前がなくても、安心はできません。原材料の内総重量の５％未満のものは表示義務がなく、遺伝子組み換え食材の記載がない可能性があります。

遺伝子組み換え食材による被害はどんどん拡大しています。

日本全国に被害者が多く出る前に、遺伝子組み換え食材に対してみんなでノーの声をあげましょう。

目で見ても分かりませんが、ダウジングを使えば安全な食品かどうか、区別することは簡単です。

第6章

食事が
脳を
活性化させる

解毒は細胞を元気にする

ガンや認知症だけでなく、アトピー、高血圧、うつ病、不妊などに共通しているのは、細胞内に有害物が蓄積していることです。

間食をよくする人には、ダウジングを使って血管年齢を推測してお伝えすることがあります。

「あなたの暦年齢は○○歳ですが、血管年齢は△△ですよ。10歳以上老化していますね」

「へえー、ビックリです」

「暦年齢より老化しているとは、聞きたくない言葉ですね。でも敢えてあなたにショックを与えたのは、**添加物は老化を促進させる**、と知っていただきたいからです。

でも心配いりません。簡単に若返る方法があります。間食を控えて、有害物を解毒し、農薬のない生野菜を食べれば、暦年齢より若返ります」

「そうですか、安心しました」

脳に溜まった有害物や異常蛋白質を排泄させないと、細胞が障害されるだけでなく、必要な栄養素が入っていかず細胞が活性化されません。

解毒には、5種類の野菜を組み合わせた玉ネギ皮スープが効果的です。

玉ネギ皮スープの材料は、**玉ネギの皮、マイタケ、パセリ、ショウガ、ゴボウと天然塩**です。

詳細は拙著をご覧ください。(『たまねぎ皮スープ健康法』宝島社)

解毒だけでなく抗酸化作用、抗アレルギー作用が期待できます。

脳神経細胞を活性化する食べ物は、玄米、大豆、ゴマ、魚介類などがお勧めです。

それぞれの大切なポイントについて、簡単に記しておきましょう。

玄米が脳神経細胞に活力を与える

玄米は、元気な体を取り戻すために必要な多くの栄養素を含んだ、理想的な食材です。糖質制限がダイエットや糖尿病の治療で話題になり、米を食べないことが健康的かのように言われていますが事実ではありません。

米には糖質、ビタミン、ミネラル、食物繊維が含まれており、これらは必須栄養素の一つで摂る必要のあるものです。

糖質は脂質と結合して糖脂質となり、細胞膜の表面でセンサーの働きをし、蛋白質にくっついて糖蛋白質となり、男性・女性ホルモン、軟骨の成分となる大切な栄養素です。

玄米に含まれる**イノシトール－6－リン酸（IP6）は、有害物の排泄、免疫力向上、フェルラ酸は、抗酸化作用、末梢循環改善、アルツハイマー予防、γ－オリザノー**

ルは、自律神経のバランスを整える働きが知られています。

とくにフェルラ酸は、脳神経細胞に活力を与える働きが知られています。

玄米は、代謝の中心的な役割をはたすマグネシウムも多く含んでいます。

マグネシウムは、体内で行われるほとんどすべての生命活動（蛋白質の合成やエネルギーの産生）に必要なミネラルです。

骨にはカルシウムが必要ですが、カルシウムをコントロールするマグネシウムがないと骨ができないばかりか、沈着して動脈硬化の原因になります。

マグネシウムがあってこそ、カルシウムは有益な働きができるのです。

不足すると低体温、骨粗鬆症、筋肉の痙攣、血糖値上昇、動脈硬化などの症状が起こりやすくなります。

ストレスの多い人、間食をよくする人、アルコールをよく飲む人は、マグネシウムが消耗されますので、玄米、大豆、海藻、ホウレン草などを摂るように心がけましょう。

炊いた米が冷えると、含まれるでんぷんが難消化性（レジスタントスターチ）となり、大腸で短鎖脂肪酸となって善玉菌を増やします。

冷えた玄米おにぎりは子供のおやつに最適です。

大豆レシチンが脳神経の修復を助ける

私たちの体は、蛋白質を材料にして刻々と作り替えられています。

大豆の蛋白質は、アミノ酸の組み合わせが動物の蛋白質とよく似ていることから、「畑の肉」と言われるすぐれた栄養食品です。

蛋白質には動物性と植物性があり、動物性には飽和脂肪酸が、植物性は不飽和脂肪酸が主に含まれています。

大豆レシチンは、大豆に含まれる蛋白質で不飽和脂肪酸（リン脂質）のこと。細胞膜の主要成分は不飽和脂肪酸で、活性酸素の攻撃を受けて傷つきやすいために、不飽和脂肪酸を絶えず補う必要があります。

大豆レシチンは、神経組織や神経伝達物質を作る際の材料でもあり、脳神経細胞の修復に重要な栄養源となります。

大豆には気持ちを快適にしてくれるセロトニンの原料となるトリプトファン、精神安定に関わるリジンやロイシン・イソロイシン・グルタミン酸などのアミノ酸も含まれています。

カルシウム、マグネシウム、鉄の含有量も多く、イライラ、緊張、うつ状態、不眠などの精神的症状緩和にも効果的です。

さらに大豆にはイソフラボンやサポニンといったファイトケミカルが極めて多いのも特徴です。

月経前症候群、更年期障害、骨粗鬆症、乳ガン、前立腺ガンの予防効果も知られています。

脳神経細胞の修復を助けるという点では、シイタケも加えたい食材の一つです。

シイタケに含まれるβ－Dグルカンは免疫力を高める一方、脳神経細胞の修復に、エリタデニンは血中のコレステロールを下げて動脈硬化を予防する働きがあるようです。

ゴマは強力な抗酸化力で脳を守る

ゴマはすでに紀元前３０００年以前の古代エジプトで栽培され、医学文献に効用が記されていたそうです。

日本においては奈良時代には栽培され、食用だけでなく灯油としても使用されていました。

ゴマには抗酸化作用のあるゴマリグナンが含まれており、ゴマリグナンの中でも特に強い抗酸化力を持っているのがセサミンです。

セサミンの他にγ－トコフェノール（抗酸化作用、脳神経伝達作用）やマグネシウム、カルシウム、鉄などを含んでおり、脳を守る働きが期待されます。

さらに食物繊維が豊富に含まれており、便秘の予防や解消にも役立つのです。

認知症、ガン、生活習慣病の予防にぜひ摂りたい食品です。

脳の血流、記憶力をよくする青背の魚

DHA（ドコサヘキサエン酸）とEPA（エイコサペンタエン酸）は、オメガ3系列の多価不飽和脂肪酸で、青背の魚や亜麻仁油などに多く含まれています。

DHAは、血管や赤血球の細胞膜を柔らかくして血流を改善したり、記憶力や学習能力に関係する海馬の神経を活性化させたりする働きがあります。

情報伝達機能をもつシナプス膜（神経終末）の材料になっており、不足すると情報伝達が上手くいかなくなります。

EPAは、脂質改善作用と血小板凝集抑制作用があり、血液をサラサラにしてくれます。

このようにEPA・DHAの多い青背の魚を摂ると、脳の血流改善と記憶力の向上が期待できます。

青魚が苦手な人は、α－リノレン酸を多く含む亜麻仁油、エゴマ油を摂るとよいでしょう。

α－リノレン酸は、体内で作ることができない必須脂肪酸で、ＥＰＡに変わり、そのＥＰＡからＤＨＡが作られます。

ＥＰＡとＤＨＡが一緒になったものは、抗ウイルス作用があり、神経痛などウイルス感染が原因である場合などに有効です。

視力の衰えを防ぐタウリン

タウリンは、タコ、カキ、イカなどの魚貝類に多く含まれています。

幅広い作用があり、加齢に抗して健康を保つためには必須な栄養素の一つです。

脳神経の細胞膜を安定化させて異常蛋白質による障害を防ぐほか、肝臓の働きを高

める、加齢黄斑変性症を予防する、骨格筋の疲労を防ぐ、心臓の働きを高める、などの働きがあります。

加齢黄斑変性症は60〜70代の男性に多く、見ようとするものが歪んだり、中心部がぼやけてしまったりして視界が狭くなる病気です。

魚介類をお刺身やお寿司として頂くときには、抗酸化作用と抗病原体作用をもつ生わさびを添えて寄生虫や細菌、ウイルスなどの感染を防ぎましょう。

玄米・大豆・ゴマ・魚介類・茸類で強力な脳活性化作用が期待できます。

それに新鮮な無農薬野菜と海藻を加えれば、全身の健康度もさらにアップするでしょう。

慎重に誠実に生きる

加齢とともに老化は進みますが、足腰が弱って歩けなくなると、老化に拍車がかかります。

立って歩くことは、全身に血液を巡らせ、代謝を活発にし、脳を活性化するだけでなく、人間としての尊厳を維持することでもあります。

歩くと筋肉が刺激されて、成長ホルモンの分泌が促されます。

成長ホルモンが分泌されると、脳由来の神経栄養因子が産生されて、神経ニューロンの修復、海馬にある神経の新生が促進されることが知られています。

筋肉も運動によって増えることが知られていますから、体を適度に動かし続ければ、加齢に伴うもの忘れも予防できて、寿命まで自立した生活ができるということです。

さらに良いことに歩くと骨からオステオカルシンが分泌されて、脳、心臓、肝臓、膵臓、腎臓、腸、皮膚、精巣などの代謝が活発になるようです。

なかでもオステオカルシンによって、糖の代謝によい影響がでることが注目されています。

骨は、臓器としても重要な働きをしているのです。

咀嚼も脳の活性に重要です。

咀嚼によって脳幹（呼吸や睡眠、体温調節、代謝など生命維持を司る中枢）が刺激され、脳の循環がよくなり、唾液の分泌が促されて口腔内環境が整えられ、消化吸収がよくなります。

一口50回を目標に、よく咀嚼して食べるようにしましょう。

趣味を楽しみ、人と交流することも脳の活性化に大いに役立ちます。

自分の好きなことをすると、もっと上手くなりたいという心が自然に芽生え、楽しんで努力、工夫するようになり、脳が活性化されます。

長寿は親から受け継いだ遺伝子の影響もありますが、生き方、日々の生活習慣に大きく影響されることが分かっています。

『長寿と性格』（清流出版）は、10歳前後の子供1500人について、1921年から生涯追跡して、長寿の人にはどんな共通項があるかを調べた本です。

陽気な人が長生きすると思われがちですが、実際は逆だそうです。

明るい楽天家は不健康な生活習慣に陥りやすい傾向があるとのことで、**「これくらいなら大丈夫」という根拠のない楽観が災いする**らしい、と書かれています。

長寿に共通する性格は、
①誠実で責任感が強い。
②高齢になっても働く。
③夢をもって生きる。
ことであるようです。

危険と隣り合わせの現代社会では、**慎重に、誠実に、夢をもって生きる、そしてできるだけ長く働くこと**が、健康長寿の必要条件であると思います。

最終章

可能性を信じ
限界を
超え続ける

人としての尊厳を大切にする

認知症は、脳の神経が異常蛋白質や活性酸素、血流低下などによって障害されることで記憶力や認識力などが衰える病気ですが、魂は障害されていません。

体は魂の決めた目的を達成する道具として必要不可欠なものですから、体が上手く機能しなくなることは、非常に辛いことであるに違いありません。

体が思うように動かなくなり、もの忘れが酷《ひど》くなって周りとのコミュニケーションも上手くできなくなると、自尊心は大きく傷つきます。

脳が異物によって誤作動をおこし、幻覚や幻視、人格の変化などがおこって混乱していることは、魂ではすべて分かっているのに体を通して伝えられないだけなのです。

体の衰えに対する不安と、誰にも理解されないという孤独感が気持ちをうつ的にし、マニュアル通りに扱う人には心を閉じてしまいます。

図らずも認知症になってしまった人の魂を慮《おもんばか》り、**人としての尊厳を大切にして接すると、絆が生まれ、言葉を介さなくてもコミュニケーションが上手くとれるようになります。**

横たわっている人を力だけで起こそうとすると、腰に負担もかかり簡単にはいきません。

ところが**「あなたのことを大切に思っていますよ、愛しています」、と言って行うと、びっくりするほどの僅かな力で簡単に起こすことができます。**

それは大切に思う、愛するという意識によって、絶対の存在と一体となり、大きな力が働く場ができるのでしょう。

「自分の全てを受け入れ愛する」気持ちと、相手を「大切に思い、愛する」意識は、常識では考えられない大きな力となります。

思考を止める

テレビ、新聞、パソコン、スマホなどから溢れるほどの情報が入り、脳は疲れ、思考力や感じる力も鈍くなっています。

先々のことを心配したり、対人関係で悩んだり、体調のことが不安で自律神経のバランスが崩れている方もおられるでしょう。

ストレスや不安材料の多い現代社会で全身をリフレッシュして、脳に活力を与える効果的な方法は、思考をとめることです。

思考を止めることは第2章に記しましたが、大事なことなので再度ここでもお話ししたいと思います。

思考をとめると、堰《せき》止めていた蓋が外れるかのように絶対の存在からのエネルギーが体・心・魂へ流れだします。

思考が絶対の存在と体・心・魂との間で蓋となってエネルギーの流れを塞《ふさ》いでいるのです。

思考を止めるには、「思考を止める」と意識するだけ。

雑念が浮かんできたら、そのことは気にせず、その都度思考を止めると意識します。

少しずつ思考の止まる時間が長くなると、平穏な心になり直観力が冴え、身体が活性化します。

直観力は、一瞬で対象の本質をつかむ力のこと、人間に与えられた最高位の能力です。

直観力を高めて使えるようにすることは、自分の能力を存分に発揮するために不可欠なことです。

直観力は何かをしたから得られるものではなく、思考を止めて絶対の存在にすべてを委ねることで目覚めてきます。

「自分自身をゼロにすれば、あなたのパワーは無敵になる」

マハトマ・ガンジー

オキシトシンリッチにする習慣

オキシトシンには、幸せホルモンあるいは絆ホルモンとも呼ばれるように、脳の疲れを癒し、幸福感をもたらし、絆を深めて人間関係を良好にする働きがあるようです。視床下部（自律神経・内分泌系の中枢）で合成され、下垂体（内分泌腺の活動を促すホルモンの中枢）から分泌されるホルモンです。

脳内ホルモンには、オキシトシン以外にもドーパミン、セロトニン、エンドルフィンなどがあります。

ドーパミンは向上心、記憶、学習能力、運動機能、セロトニンは平滑筋の収縮、リラックス作用などに関わっています。

ドーパミンは、好きな事に熱中している時や、報酬を受け取った時などに放出され、動的な快感を生みだします。

一方、セロトニンは、落ち着きやリラックスのような静的な快感を生みだし、過剰になったドーパミンにブレーキをかけてバランスをとります。

エンドルフィンは、ドーパミンが増えると分泌され、鎮痛作用をもたらし陶酔感をおこす働きがあります。

ボランティア活動や人に喜ばれる行為は、オキシトシンの分泌を促し、それに刺激されてドーパミン、セロトニンが誘発され幸せな気持ちになりますが、奉仕された人もオキシトシンが増えて心地よくなります。

人の役に立ったと実感できたときが最も嬉しいと感じるときで、人は感謝されると、次はもっと喜んでもらいたいという気持ちが芽生えるように創られているようです。

人は目的をもって生まれてきます。その目的に沿って生きることができているとき、人は生きる喜びと充実感を感じると思います。

それぞれ目指す方向は違っていても、共通していることがあります。

それは、**「自分のできることで、人に役立つことが嬉しいと思えることをする」**こと。

どんな些細なことであっても人に役立つことは、魂が喜ぶ方向であり、オキシトシンリッチになると思います。

感動するようなことを見たり、聞いたりすること、身近なところでは、**スキンシップ、ハグなど人を思いやる心で触れ合う**こともオキシトシンの分泌を促すようです。

オキシトシンがいっぱい分泌される習慣、オキシトシンリッチになる生き方は、脳を活性化させて快適な人生をもたらすでしょう。

巨人の肩に立って眺める

「人の言うことを聞くな」、この言葉ほど私にとって衝撃的で、医療人としての生き方を大きく変えたものはありませんでした。

インドのジャイナ教の高僧から直接教えられたものです。

真実は我が内にありという意味で、**大事なことは内在する絶対の存在から引き出しなさい**ということ。

この言葉によって私は、それまで背負っていた証拠重視の西洋医学という重い荷物を降ろすことができて、心の底から解放されたのでした。

「どこかで読んだ言葉だとしても、誰が何と言おうとも、たとえ、私の言った言葉であっても、汝自身の理性と常識にそぐわない限り、信じてはならない」という仏陀の教えにも通じます。

医学書を読んだり、学会に参加したりすることよりも、絶対の存在と繋がり、潜在能力を拓き、治療力を高めることに興味がシフトしていきました。

そしてSMRテストを使って、患者さんの固有の原因を見つけることをしていきました。

その結果確信できたことは、身体（体・心・魂・絶対の存在）は何でも知っている、人間の感性を使えば、どんな微細な異常も読み取れる、身体は問いかけに的確に応答する、というもので診療の大きな柱ができました。

SMRテストは、患者さんの指を使って行うのが原則ですが、子供さんや高齢の方、目に見えないことは信じられない方には、ダウジングを使います。

ダウジングは、毎朝早く起きてほんとに知りたいことを知るために使っていますが、腑に落ちると快感にかかわります。

ダウジングがなければ今日の私はないと言えます。

天野聖子先生の自問自答法、『人生を前向きに生きる自問自答法』（幻冬舎）も原理は同じでとても良い方法です。

本や雑誌を読んで書いてある内容に疑問があれば、その内容（言葉）をもとにダウジングして一歩先に進むことで、誰も知らない情報を手に入れることができます。よく研究している人の知識をもとに、疑問に思うことを解決することは、巨人の肩に立ってさらに遠くを眺めることに似ています。

面白いことにダウジングをすればするほど、もっと知りたいと思うようになり、新しいことを知ると心が豊かになります。

限界を超えるカギ

長年薬を飲んでいるが治らない、ガンを克服したい、アトピーが続いている、あるいは経験したことがない病気など、さまざまな悩みを抱えた患者さんが他府県からも来られます。

「どんな症状にも必ず原因があります。検査で見つからないだけで、原因があることは確かですね。その原因はあなたが知っています。あなたから引き出せばいいのでやってみましょう」

このような内容を患者さんにお話しすることから診療が始まります。

原因はいくつあるのか？　ダウジングで原因の数を探ります。

原因が分かると一つ一つについて患者さんの話しを聞き、新たな質問をしながら解決方法を確認していきます。

「へぇ〜こんなことが原因だったのか！」

ビックリすることに何度も出会い、診療が楽しくなります。

原因を知って解決できた時、患者さんのホッとした笑顔は、疲れを吹っ飛ばしてくれます。

経験がないので分からないかもという一抹の不安と、私の力では無理という心にできた限界がダウジングで消えていきます。

その瞬間は痛快でもあります。

限界は自分の心が決めるもの、ないと思えばない、この言葉がダウジングのお陰で少しずつ納得できるようになってきました。

「千里の道も一歩から」という諺を心で呟《つぶや》きながら、畳の目一つほどであっても、目的意識をしっかりもって進んでいくと、いつの間にか目的に達していることを何度も経験してきました。

限界を越えるカギ、それは**「諦めない心と飽くなき探究心」**。

このことを治療家として最も尊敬している、国際色彩診断治療研究会の加島春来会長から学びました。

患者さんの苦しみを除くために、探究心旺盛に新たなことに挑戦し、効果的な治療（カラー）を追い求めておられます。

そうして自身の限界を超え続けておられる姿勢に心が鼓舞され、困難への挑戦欲が駆り立てられます。


昨年のプロ野球日本シリーズを制した栗山秀樹監督（北海道日本ハムファイターズ）がある雑誌のインタビューで、強い心がなければ効果的な戦略は生まれない、という興味ある話をされていました。

「優勝できたらいいな」と思っているのと、「絶対優勝するんだ」と信じているのとでは、考えるプロセスが全く違ってきます。

自分は今どんな手を打てばいいのか、何をしなければならないのかという具体的な知恵や発想というのは、やはり本気で「優勝するんだ」という強い思いがなければ生まれてきません。

前に立ちはだかる障害物がもの凄く大きく見えるときがあります。それは動かすことのできない現実にも思えます。

立ち止まって冷静にみると、いくつかの小さな障害物が集まってできていることに気づきます。

焦らず一つずつ克服していけば、いつか障害物は消えています。

ダウジングの
ための
チェックシート

体調が悪くなる原因について、イエス・ノーで確認してみましょう。
次のことを念頭に置いて気楽に取り組んでみてください。

・原因であるものはイエス、ないものはノーに振れる、と設定します。
・**あ・うん**で神聖な光に包まれるイメージをもちます。
・○○さんについて正確に示してください、と指示します。
・リラックスして動きを待ちます。

□食事

□バランスの崩れた食事

□食べ過ぎ

□咀嚼不足

□野菜不足

□肉類（牛・豚・鶏）過多

□遺伝子組み換え食材

□魚介類

□乳製品

□加工食品

□油（酸化した油、トランス脂肪）

□食中毒

□夜遅く食べる

□放射性物質

□有害化学物質（食品添加物、農薬）

□有害金属（水銀、鉛、アルミニウム、カドミウム、ヒ素）

□食物アレルギー（小麦、牛乳、鶏肉、豚肉、卵、魚介類、野菜、果物）

□栄養素の不足

□ミネラル（マグネシウム、カルシウム、亜鉛、鉄、その他）

□酵素、ファイトケミカル

□ビタミン（A、B、C、D、E、K）

□蛋白質

□αリノレン酸

□嗜好品（アルコール、タバコ、コーヒー、炭酸飲料、ジュース類）

□間食（スナック菓子、洋菓子、和菓子、ナッツ類）

□薬

□サプリメント

□化粧品（日焼け止め、ファンデーション、カラーリング、シャンプー、リンス、トリートメントその他）

□環境因子（電磁波、芳香剤、消臭剤、洗浄剤、防虫剤、線香、大気汚染）

□ダニ、カビ

□骨格の歪み、筋肉の硬縮

□腸内細菌叢（悪玉菌優位）

□口腔内環境（歯、充填物、歯周病菌）

□感染（ウイルス、細菌、真菌、寄生虫）

□冷え

□便秘

□ストレス（対人関係、仕事、家庭）

□運動不足

□睡眠不足

□自律神経

□ホルモン

□経絡《けいらく》

□チャクラ

□心（怒り、恐怖、不安、絶望、劣等感、悲観、エゴ、嫉妬、自己否定、自分が悪い、特定の人を深く恨んでいる、自分が信頼できない、言いたいことを抑えている、寂しい）

□憑依《ひょうい》

あとがき

「どんな症状であっても、そうなる原因が必ずあります。それをトコトン探しだすこと、そうすれば何とかなります」

と話しかけると、長く続く症状やガンと診断され落ち込んでいた患者さんの目が輝いてきます。

それは反面、難しい問題に挫《くじ》けそうになったり、言い訳をしようとしたりする自分への叱咤《しった》であったり、戒《いまし》めであったりもしています。

知りたいことをイエス、ノーで応えられる言葉にして問いかけ、ダウジングに集中していると、暗闇のなかに一条の光が差し突破口が見つかります。

それを足掛かりにして、こじ開けるように一歩ずつ前に進んでいきます。

そうして納得できる原因に辿《たど》りつくことができた時、心の中で喝采があがり、ほっと心が緩みます。

分からないことを一つ一つ謎解きをするように明らかにしていくプロセスは、宝物を発見するようでワクワクします。

ダウジングという手法があればこそですが、それは私にとって「絶対の存在との対話であり、至福のひと時」でもあるのです。

憑依は私の中で長年燻《くすぶ》っている問題でした。

常識では考えられないような言動に家族が翻弄《ほんろう》され、心配されて連絡してこられます。

かつては密教の手法を研究し対処していましたが、根本解決には至りませんでした。原因をはっきりさせないままでは、一時的によくなっても再び憑依されるからです。

憑依はＥＢＭ（証拠を基にした医療）を重視する西洋医学では扱うことができず、医師仲間で霊という言葉を使って話をすると敬遠され、変わった人間扱いをされてしまいます。

仕方のないことです。

誰もが納得いく形にしたい、よくわからない面をはっきりさせたい、と願いつつ23年の月日が流れました。

それが新納清憲氏（日本テラヘルツ健康財団代表理事）との出会いによって、大きく動き出したのです。

新納氏は物理学者でありながらダウジングの達人であり、憑依を研究し、テラヘルツ量子波を使った治療器を開発されていました。

同氏の著書『量子論で見直したテラヘルツエネルギーの神秘とその応用』（パレード出版）によると、物質の最小単位は量子で、意識の影響を大きく受けるとあります。

憑依を意識の視点で捉え直してみよう、そうすると誰にでも理解されるのではないか、閃きが走り一つの扉《とびら》が開いたのでした。

『医師が語る霊障』（創芸社）の著者、医学博士橋本和哉先生からお聞きした憑依の治療法からもヒントを得て、私の憑依対策が大きく進歩しました。

15年前にある男性が大腸ガンで入院していた九州の病院を抜けだして、単身で私の医院にやってこられました。

「堀田医院へ行けば何とかなるかもしれない！」と思って、藁《わら》にも縋《すが》る思いで来たと言います。

泊まる宿もないというので、治療室に寝ていただいていましたが、進行ガンに対処できる術《すべ》をもっていなかった私は、インドで修行した手法で神に祈ることしかできませんでした。

心配した家族が連れ戻しにこられ、私に連絡をしないまま、早朝雪の中を帰って行かれました。

彼が連れ戻された後、医院にあった置手紙を見て、私は呆然《ぼうぜん》として立ち尽くし、自分の治療の未熟さに切歯扼腕《せっしやくわん》するとともに、必ずガンを克服する方法を見つけると誓ったのでした。

その後、いろいろ試行錯誤する中で少しずつガンの本質が分かり、それに伴って治療も以前とは比べ物にならないほど進歩してきました。

効果的なサプリメントも少しずつ増え、カンナビジオールという麻から抽出したオイルも有力な一つになりそうです。


聡明で元気に趣味を楽しんでいた人が、自分一人では何もできなくなってしまうとは、認知症はなんと恐ろしい、そして悲しい病なのだ。

施設で暮らさざるを得なくなった私の母と義父をみて、そんな感覚が脳裏をよぎり心が傷みました。

親子でまともに会話ができないことはとても辛いことです。

賢《かしこ》い日本人の脳が障害されるのは、なぜだろう。


私はダウジングで探索してみました。

食品添加物や遺伝子組み換え食材は、消化吸収の要である胃、膵臓、空腸（小腸の上半分）を障害するだけでなく、脳を守る関門を壊してしまいます。

ある種の食品添加物と遺伝子組み換え食材は、放射性物質と同等くらいに危険なものであると実感しています。

食べたもので体は作られること、不自然な食べ物を摂ってはいけないことをガンと認知症という病気ははっきり教えてくれています。

いろんなところから講演を依頼されると、その都度新しい情報を仕入れるためにいろんな本に目を通します。

書いてあることが正しいのかどうか、この情報は多くの人に伝える価値のあるものか、書いてあることの根拠はなんだろう……等々、疑問に思えることを一つ一つダウジングで解決しながら資料を作ります。

その資料が本書を書くにあたって大いに役立ちました。

しかし、大半は日々の診療の中で、患者さんから教えていただいたものです。

「事実は小説より奇なり」と言いますが、真実を知ることは喜びであり感動します。

どこにも書いてないことがありますが、診療を通して得た事実をもとに、ダウジングの情報を取り入れながら組み立てたものです。

世の中には科学的手法で明らかにできる領域と、全く人知の及ばない領域がありま
す。

絶対の存在は人知の及ばない領域ですが、その恩恵によって私たちは生かされてい
ますし、病を克服したり、限界を打ち破ることができたりしています。

絶対の存在から必要な情報をうけとる手段の一つがダウジングです。

絶対の存在を最大限活用することが、人類が幸せに生きるために必要不可欠なこと
でもあります。

ダウジングは昔から活用してきた方法であり、コンピューターでは決して到達でき
ない領域に簡単に入ることができます。

コンピューターを上手く活用し、ダウジングを併用することで、人は大きな力を発
揮することができると思います。

本書がガン、認知症などの難病を克服するために、自分の限界を超えるために、そして心身ともに健康で充実した人生のために、少しでもお役に立つことを心から祈念しております。

堀田忠弘

堀田忠弘（ほった ただひろ）

堀田医院 院長、医学博士。日本内科学会認定医。原因を見つけることを最優先し、西洋医学、東洋医学、バイオレゾナンス医学、細胞環境デザイン学、カラー治療などを統合的に取り入れた診療を行っている。

人間に本来備わっている能力を目覚めさせることに興味をもち、これまで何度となくインドにでかけ修行した経験を治療に取り入れている。宝石光線と量子波による遠隔治療の実践と研究も行っている。

著書に『身体は何でも知っている』（かんき出版）、『内科医が書いたパワーストーンで健康になる本』（マキノ出版）、『体と心から毒を消す技術』（マキノ出版）、『たまねぎ皮スープ健康法』（宝島社）などがある。

あなたを変《か》えるダウジング

二〇一七年(平成二十九年)五月二十八日　初版発行
二〇二三年(令和五年)一月二十一日　第二版第一刷発行

著者　堀田 忠弘
発行者　石井 悟
発行所　株式会社自由国民社
　東京都豊島区高田三—一〇—一一
　〒一七一—〇〇三三　https://www.jiyu.co.jp/
　電話〇三—六二三三—〇七八一（代表）
造本　ＪＫ
印刷所　新灯印刷株式会社
製本所　新風製本株式会社

企画・プロデュース・編集：
西田 貴史(manic)

イラスト：MICANO